Curso de gramática Langenscheidt

Italiano

Elke Spitznagel

Tradução
Saulo Krieger

L Langenscheidt

martins fontes
selo martins

© 2017 Martins Editora Livraria Ltda., São Paulo, para a presente edição.
© 2012 by Langenscheidt GmbH & Co. KG, München
Esta obra foi originalmente publicada em alemão sob o título
Langenscheidt Kurzgrammatik – Italienisch.

Publisher	*Evandro Mendonça Martins Fontes*
Coordenação editorial	*Vanessa Faleck*
Produção editorial	*Susana Leal*
Capa	*Douglas Yoshida*
Preparação	*Lucas Torrisi*
Revisão	*Renata Sangeon*
	Julia Ciasca

1ª edição junho de 2017 | **Fonte** Helvetica Neue LT Std
Papel Offset 90 g/m² | **Impressão e acabamento** Corprint

Dados Internacionais de Catalogação na Publicação (CIP)
(Câmara Brasileira do Livro, SP, Brasil)

Spitznagel, Elke
  Curso de gramática Langenscheidt italiano/ Elke
Spitznagel ; tradução Saulo Krieger. – 1ª ed. –
São Paulo : Martins Fontes - selo Martins, 2017.

  Título original: Langenscheidt Kurzgrammatik –
Italienisch
  ISBN 978-85-8063-326-9

  1. Italiano - Estudo e ensino 2. Italiano -
Gramática - 3. Italiano - Vocabulários, glossários -
Português I. Título.

17-04174   CDD-458

Índices para catálogo sistemático:
1. Italiano : Gramática : Linguística 458

Todos os direitos desta edição reservados à
Martins Editora Livraria Ltda.
Av. Doutor Arnaldo, 2076
01255-000 São Paulo/SP Brasil
Tel: (11) 3116 0000
info@emartinsfontes.com.br
www.emartinsfontes.com.br

Prefazione

Prefácio

Com nosso **Curso de Gramática – Italiano**, oferecemos um pacote abrangente e despreocupado para que você tenha uma rápida visão de conjunto: com teste para aferição de nível no início e um método de aprendizado rápido, você chegará a seu objetivo com facilidade e rapidez!

De início, você vai encontrar o teste para aferição de nível, destinado a verificar seu estágio na língua. No final, você poderá repeti-lo para verificar seu progresso. Com as resoluções, você também receberá recomendações para melhorar seu conhecimento do idioma. Para facilitar o acesso à gramática italiana desde o início, recomendamos ainda **Dicas e macetes** para o aprendizado da gramática.

A construção do capítulo segue uma estrutura clara: em primeiro lugar, você é apresentado às formas, e então seu uso é elucidado com exemplos, sempre com a respectiva tradução. O uso de cores e uma série de símbolos autoexplicativos irão ajudá-lo a se orientar no interior de cada capítulo.

Você deve utilizar o método de aprendizagem rápida para ter uma visão geral e memorizar com ainda mais facilidade: uma vez apresentados os temas essenciais, as páginas azuis **Olhando de perto** 🔍 trazem as regras mais importantes, outros exemplos e os erros mais comuns.

As **Indicações de nível** (A1 , A2 , B1 , B2) estão por todo o livro. Elas revelam os temas de gramática e as regras relevantes para o seu nível de aprendizado. Os níveis não estão relacionados apenas ao capítulo de gramática, mas também ao vocabulário utilizado nas sentenças dos exemplos. Desse modo, você também terá mais certeza de que deverá conhecer tal vocabulário.

Na prática, isso significa que, se um capítulo de gramática está classificado, por exemplo, como estágio **A1**, todo o vocabulário ali empregado será A1, mas há a possibilidade de serem contemplados em outro estágio, por exemplo, **A2** (nesse caso, a indicação do estágio aparecerá logo na frente da respectiva palavra ou sentença). Você deverá ter domínio de todas as regras gramaticais do capítulo, a não ser que uma indicação de nível à margem apareça indicando que a regra em questão é especificada em um nível mais elevado, por exemplo, **B1**.

Apresentamos uma breve elucidação sobre o Quadro de Referência Europeu de estágios de conhecimento:

A1/A2: *Uso de expressões elementares, isto é:*
A1: Você pode entender e empregar algumas palavras e sentenças bastante simples.
A2: Você é capaz de lidar com situações de conversa do cotidiano e compreender ou mesmo redigir textos curtos.

B1/B2: *Uso de linguagem autoevidente, isto é:*
B1: Você pode entender e se fazer entender perfeitamente, por escrito e oralmente, em situações do cotidiano, viagens e no ambiente profissional.
B2: Você dispõe ativamente de um amplo repertório de estruturas gramaticais e expressões idiomáticas, e, em conversas com nativos da língua, já poderá se valer de nuances estilísticas.

Prefácio

Para verificar o êxito de seu aprendizado de maneira ainda melhor, ao final do livro você encontrará testes para cada um dos capítulos de gramática. Assim, será capaz de especificar de maneira bastante precisa onde estão os seus pontos fracos e quais capítulos de gramática devem ser revistos, bem como identificar os pontos em que já demonstra um bom desempenho.

Agora, desejamos a você um ótimo proveito e sucesso em seu aprendizado de italiano!

Redação Langenscheidt

Símbolos

ⓘ informações sobre singularidades do italiano
☼ sentença
⇐ contraposição do uso da língua italiana oral e escrita
⚡ cuidado, erro muito comum!
◐ trata-se de uma exceção!
L! dica de aprendizado
✚ ajuda
G regra básica
▷ remete a temas gramaticais correlacionados.

Sumário

Símbolos – Abbreviazioni 9
Testes de nível – Test di autovalutazione 10
Dicas e macetes – Consigli pratici e trucchetti 18

1 Artigo – L'articolo 25
    1.1   Artigo definido – L'articolo determinativo 25
    1.2   Artigo indefinido –
            L'articolo indeterminativo 27
    1.3   Artigo partitivo – L'articolo partitivo 28

2 Substantivo – Il sostantivo 29
    2.1   Gênero – Il genere 29
    2.2   Plural – Il plurale 30

🔍 **Olhando de perto: 1 – 2** 33

3 Adjetivo – L'aggettivo 35
    3.1   Gênero – Il genere 35
    3.2   Plural – Il plurale 35
    3.3   Concordância nominal –
            La concordanza dell'aggettivo 36
    3.4   Posição do adjetivo –
            La posizione dell'aggettivo 36

4 Advérbio – L'avverbio 39

5 Comparação – La comparazione 41
    5.1   Comparativo – Il comparativo 41
    5.2   Superlativo – Il superlativo 42
    5.3   Comparativo irregular –
            La comparazione irregolare 43

🔍 **Olhando de perto: 3 – 5** 44

6 Pronome – Il pronome 46
    6.1   Pronomes pessoais – Il pronome personale 46

Sumário

- 6.2 Pronome possessivo – Il possessivo 52
- 6.3 Pronome demonstrativo – Il dimostrativo 54
- 6.4 Pronome relativo – Il pronome relativo 56
- 6.5 Pronome indefinido – L'indefinito 57
- 6.6 Pronome interrogativo – L'interrogativo 61

Olhando de perto: 6 63

7 Verbo – Il verbo 65
- 7.1 Conjugação – Le coniugazioni 65
- 7.2 Verbos "avere" e "essere" – I verbi «avere» e «essere» 66
- 7.3 Verbo modal – Il verbo modale 68
- 7.4 Verbo reflexivo – Il verbo pronominale 68
- 7.5 Verbo impessoal – Il verbo impersonale 69

Olhando de perto: 7 71

8 Indicativo – L'indicativo 73
- 8.1 Presente – Il presente 73
- 8.2 Passado – Il passato 75
- 8.2.1 Imperfeito – L'imperfetto 75
- 8.2.2 Passado próximo – Il passato prossimo 77
- 8.2.3 Passado remoto – Il passato remoto 79
- 8.2.4 Mais-que-perfeito – Il trapassato prossimo 81
- 8.3 Futuro – Il futuro 82
- 8.3.1 Futuro simples – Il futuro semplice 82
- 8.3.2 Futuro composto – Il futuro composto 84
- 8.4 Condicional – Il condizionale 85
- 8.4.1 Condicional simples – Il condizionale semplice .. 85
- 8.4.2 Condicional composto – Il condizionale composto 87
- 8.4.3 Período hipotético – Il periodo ipotetico 88

Olhando de perto: 8 90

Sumário

9 Subjuntivo – Il congiuntivo 92
    9.1   Subjuntivo presente – Il congiuntivo presente 92
    9.2   Subjuntivo passado –
          Il congiuntivo passato 93

Olhando de perto: 9 98

10 Imperativo – L'imperativo 100

11 Infinitivo – L'infinito 101

Olhando de perto: 10 – 11 105

12 Particípio – Il participio 107
    12.1 Particípio passado – Il participio passato 107
    12.2 Particípio presente – Il participio presente 108

13 Gerúndio – Il gerundio 109

14 Voz passiva – Il passivo 111

Olhando de perto: 12 – 14 113

15 Conjunção – La congiunzione 115
    15.1 Conjunção coordenativa –
          La congiunzione coordinativa 115
    15.2 Conjunção subordinativa –
          La congiunzione subordinativa 115

16 Posição dos termos na oração – L'ordine delle parole 118
    16.1 Oração declarativa – La frase dichiarativa 118
    16.2 Oração interrogativa – La frase interrogativa ... 119

Olhando de perto: 15 – 16 120

17 Negação – La negazione 122
    17.1 Negação simples –
          La negazione semplice 122

Sumário

17.2 Dupla negação – La negazione doppia 122

18 Discurso indireto – Il discorso indiretto **124**

18.1 A mudança dos indicativos de pessoa, lugar e tempo – La trasformazione di pronomi, indicazioni locali e temporali 123

18.2 Ordem temporal – La concordanza dei tempi ... 125

Olhando de perto: 17 – 18 .... **127**

Testes – Test 129
Respostas – Soluzioni 139
Respostas dos testes de nível –
Soluzioni del test di autovalutazione 141

Teste de nível A1

Para cada resposta correta, insira um ponto no quadrado pertencente a mesma linha e some os pontos ao final.
No anexo, você encontrará a avaliação e recomendações para aperfeiçoamento.

1 Artigo
Acrescente o artigo determinado (singular ou plural).

a. .... fratello di Giorgio è bravo in chimica. ☐
b. .... zio di Katia fa il meccanico. ☐
c. Vado in piscina con .... miei amici. ☐

☐

2 Adjetivo
Complete os adjetivos com a terminação correta.

a. le situazioni stran...... ☐
b. le persone cordial...... ☐
c. il partito comunist...... ☐

☐

3 Presente do indicativo
Quais são as formas verbais corretas do presente do indicativo? Complete os espaços.

a. (io) scrivere .... ☐
b. (noi) fare .... ☐
c. (tu) finire .... ☐

☐

Testes de nível

④ Negação
Complete com non ou no.

a. Hai sete o .... ?

b. A Laura .... regalo niente!

c. Oggi .... ho proprio fame.

⑤ Preposições e artigos determinados
Complete as sentenças com a preposição indicada e com o artigo adequado.

a. Ho dimenticato l'ombrello (a) .... ristorante.

b. Molti agrumi provengono (da) .... Sicilia.

c. Hanno fatto le vacanze (con) .... genitori.

⑥ Pronome pessoal
Complete com o pronome pessoal adequado..

a. .... ascoltiamo la radio e tu?

b. .... andate al cinema e loro a teatro

c. Mi scusi Signor Arditi, ... è Italiano?

Pontuação total

Teste de nível A2

1 Substantivo
Componha o plural dos substantivos.

a. lo psicologo ....

b. la nave ....

c. la paura ....

2 Adjetivo
Complete os adjetivos com a terminação adequada.

a. gli aerei nuov...... e veloc......

b. le segretarie brav...... e efficient......

c. l'attrice famos...... e interessant......

3 Pronomes
Escolha o pronome pessoal adequado.

a. Tra un'ora vi / voi aspetto davanti al cinema.

b. Non te / ti abbiamo chiesto niente.

c. Luigi ha sempre un ombrello con sé / si.

4 Advérbio
Complete com o advérbio adequado: lentamente, male, velocemente.

a. Oggi non vado in ufficio: mi sento .... !

b. Il tempo passa .... per tutti.

c. Il treno si muove ....

Testes de nível

5. Verbos modais
Traduza.

a. Tania não pode sair hoje.

....

b. Você deve ir ao médico.

....

c. Ele também fala alemão?

....

6. Imperfeito
Complete com o imperfeito de raccontare, fare, bere.

a. Lo scorso inverno (noi) .... lunghe passeggiate.

b. Mio nonno mi .... sempre delle favole.

c. In Italia (io) .... sempre un limoncello dopo cena.

Pontuação total

Teste de nível B1

① Superlativo relativo
Forme as frases com o superlativo relativo. Quando necessário, complemente com o artigo adequado.

a. Edith è / cuoca / brava / tutte le sue amiche.

   .... □

b. Sicilia è / isola / grande / Mediterraneo.

   .... □

c. Da qui si vede / panorama / bello / città.

   .... □

   □

② Imperfeito ou perfeito?
Complete as sentenças com o verbo indicado no tempo passado adequado.

a. Da bambino (lui, giocare) .... agli indiani. □

b. Stamattina (io, andare) .... al mercato. □

c. Un anno fa (noi, fare) .... un viaggio. □

   □

③ Indicativo ou subjuntivo?
Escolha a forma verbal correta.

a. Mi dispiace che tu non hai / abbia superato l'esame. □

b. Secondo la nostra opinione l'albergo è / sia troppo caro. □

c. Pensi veramente che lei deve / debba venire? □

   □

Testes de nível

❹ Pronome
Traduza o pronome apresentado entre parênteses.

a. Vuoi (algo) ………… da bere?

b. (Cada um) ………… ha il suo posto a sedere.

c. (Quem) ………… parla bene l'italiano, supera l'esame.

❺ Voz passiva
Converta as sentenças para o presente da voz passiva (com essere).

a. Molti turisti visitano Firenze.

   …………………………………………………… .

b. Parecchi studenti stranieri frequentano queste trattorie.

   …………………………………………………… .

c. La nostra associazione organizza il viaggio.

   …………………………………………………… .

❻ Conjunções coordenadas
Complete as sentenças com tuttavia, cioè, invece.

a. Ti aspetto alle sei, ………… tra un'ora precisa.

b. L'offerta non è entusiasmante, ………… accetto.

c. Silvio ama la musica rap, io ………… quella classica.

Pontuação total

Teste de nível B2

1 Pretérito mais-que-perfeito
Complete as frases com o verbo adequado no pretérito mais-que-perfeito: partire, andare, scoppiare.

a. Quando sono arrivato l'aereo ....

b. Ieri ho incontrato degli amici che .... in Africa.

c. Dopo che la crisi .... tutti l'avevano prevista.

2 Condicional composto
Escreva a forma condicional dos verbos entre parênteses.

a. A me (piacere) .... andare in montagna.

b. Ti (chiamare) .... io, ma non potevo proprio.

c. Noi (aiutare) .... Luigi, ma lui non ha voluto.

3 Números, quantidades e medidas
Traduza as expressões entre parênteses para o italiano.

a. Una (cerca de trinta) .... di persone sta aspettando.

b. Bastano poche (alguns milhares) .... di euro.

Testes de nível

c. Il corso dura un (dois anos) ....

④ Conjunções subordinadas
Relacione as partes das frases.

a. Non vado a scuola — anche se il mare è molto mosso.

b. Voi fate il bagno — sebbene sia molto freddo.

c. Non mi metto il cappotto — perché sto male.

⑤ As sequências temporais no subjuntivo
Qual forma conjuntiva é correta (✓), e qual é incorreta (✗)?

a. ▢ Dubitavo che lui arrivasse in tempo.

b. ▢ Pensavi che sia sufficiente per essere felici?

c. ▢ Credevano che lei fosse partita ieri.

⑥ Adjetivo
Bello ou buono?
Insira o adjetivo adequado.

a. Quella ragazza ha un .... viso regolare.

b. Marco non ha .... maniere.

c. I Napoletani hanno uno .... stadio.

Pontuação total

Consigli pratici e trucchetti

Dicas e macetes: aprenda gramática de uma maneira bem fácil

Você não sente inveja de certas crianças, que aprendem uma língua de maneira casual sem se preocupar com regras gramaticais maçantes ou construções equivocadas? Para nós, realmente não é possível se acercar da gramática de maneira tão despreocupada, mas, mesmo assim, aprender uma língua e, sobretudo, a sua gramática não precisa ser necessariamente um exercício inflexível e decorado, enfim, um trato monótono com regras empoladas. Para facilitar o acesso à gramática, apresentamos algumas dicas e macetes práticos para o seu aprendizado.

L! **A lei da regularidade**
A gramática é como um esporte. Quem só treina a cada ano bissexto jamais será um maratonista. É mais razoável aprender continuamente e aos poucos do que aprender muito conteúdo e com pouca regularidade. Imponha a si mesmo um determinado momento em que poderá se dedicar ao estudo da língua estrangeira sem ser perturbado por nada. Por exemplo, pratique todos os dias quinze minutos antes de dormir ou três vezes por semana na pausa para o almoço. O que será decisivo será o aprendizado contínuo, pois só assim você poderá treinar sua memória de longo prazo.

L! **O aquecimento vale a pena**
Repetir matéria conhecida é como fazer uma corrida leve: para se aquecer, vá por uma trilha conhecida antes de ousar um novo caminho. Mesmo que você descubra novas regras gramaticais o tempo todo, o que já foi aprendido não deve ser negligenciado.

Dicas e macetes

L! O sal na comida
Procure não se concentrar em muitas regras gramaticais de uma só vez. Perde-se facilmente a visão geral, e os detalhes caem no esquecimento. Utilize a gramática do mesmo modo que coloca sal na comida. Assim como se pode deixar a comida excessivamente salgada, o aprendizado de uma língua estrangeira pode ser dificultado quando se introduz um excesso de regras gramaticais de uma só vez. Opte por um aprendizado lento, contínuo e orientado para um fim, demorando-se em cada passo. Enfim, seja paciente!

L! Quem já é perfeito...
Relaxe! Não deixe que o conceito de perfeição domine seus pensamentos. A perfeição não deve ser a prioridade quando se aprende uma língua estrangeira. A beleza da língua e o ato de se fazer entender corretamente pelo interlocutor devem ser o foco.

L! Análise de erros contra armadilhas
Não tenha medo de errar! O objetivo do aprendizado não é não cometer erros, mas perceber os erros cometidos. Somente quem reconhece um erro pode evitá-lo posteriormente. Para isso, o domínio das regras fundamentais da gramática é muito útil: para compreender um erro e, talvez, a expressão de espanto ou incompreensão do interlocutor, para não cair na mesma armadilha numa segunda vez.

L! Não fique de escanteio
A gramática é apaixonante quando você lança um olhar às suas estruturas. Também nesse sentido, ela funciona como no esporte. Qualquer esporte só se torna realmente interessante quando suas regras são entendidas. Ou você

assistiria a um jogo de futebol ou de tênis se esses esportes parecessem algo sem sentido? Considere a língua estrangeira uma espécie de esporte, cujas complicadas regras você aprende pouco a pouco, e, com base nelas, pode tomar parte e conversar, e não ficar de escanteio.

L! Qual o seu tipo?

Descubra o seu tipo de aprendizado. Ao aprender, você já tem alguma regra na memória (tipo memória) ou precisa ver (tipo visão, tipo leitura) e então escrever (tipo escrita) ao mesmo tempo? Você gosta de testar regras gramaticais desempenhando pequenos papéis (tipo ação)? A maior parte das pessoas tende a um tipo ou outro de aprendizado. Tipos "puros" de aprendizado são muito raros. Por isso, você deve descobrir tanto o seu tipo como os hábitos de aprendizado de sua preferência. Portanto, mantenha os olhos e os ouvidos abertos e procure conhecer aos poucos, mas com convicção, qual o seu tipo de aprendizado.

L! Deixe mensagens num *post-it*

Com *post-its* já foram feitos pedidos de casamento e relações já foram terminadas. Assim, não admira que também se possa aprender gramática por meio deles. Escreva algumas regras (o melhor é fazê-lo com exemplos) separadamente numa folha de papel ou em *post-its* e cole-os num lugar onde possa vê-los diariamente, como no banheiro, sobre o espelho, no computador, na geladeira ou junto da máquina de café. Assim, você vai internalizando determinadas regras. O olhar ajuda no aprendizado.

Dicas e macetes

L! **Sentenças como exemplo contra ração seca**
A ração seca é difícil de digerir. Assimilar algumas regras gramaticais a seco também é. Se você não gostar dos exemplos que encontrar em seus livros didáticos, formule seus próprios exemplos!
Pode-se progredir buscando exemplos de aplicação concreta em textos originais (jornais, livros, filmes, letras de música). Assim, a gramática "desce" com mais facilidade.

L! **Converse com você mesmo**
Escolha conceitos gramaticais particularmente difíceis, escreva alguns exemplos relacionados e enuncie-os em voz alta para si mesmo, por exemplo, no banho, ao caminhar ou durante uma viagem de carro mais longa. Converse com você mesmo na língua estrangeira, e assim você vai fixar rapidamente mesmo os usos mais complicados.

L! **Gramática à *la carte***
Assim como no aprendizado vocabular, também é possível dispor de uma espécie de ficheiro com algumas dicas no aprendizado gramatical. Em um dos lados, escreva uma regra, uma exceção ou uma palavra-chave, e, no outro, exemplos, usos ou soluções. Consulte as fichas regularmente e selecione aquelas com que você, paulatinamente, for adquirindo familiaridade.

L! **Você já tem um plano?**
Escreva regras gramaticais de um mesmo grupo num grande arco desenhado numa folha de papel, de maneira breve e precisa, usando desenhos, indicações e breves exemplos. A ideia é torná-los visíveis juntos e elaborar um plano pessoal. Com a ajuda dos chamados *mind*

maps, você obterá uma visão rápida da estrutura da língua pela pura e simples elaboração do plano, podendo proporcionar uma rápida visão de conjunto. Se esse papel deve ou não ficar fixado em algum lugar não é o mais importante, porque você terá o plano na cabeça.

💡 Aprender com vista para o mar
Experimente aprender uma regra gramatical ouvindo sentenças que servem como exemplos. É mais fácil memorizar exemplos do que a regra em estado puro, que lhe parecerá estranha; assim você também poderá aprender a respectiva regra mais depressa. É bom ter sempre à mão expressões e acompanhar a gramática relacionada, pois facilita a compreensão de situações recorrentes quando se está no exterior. Afinal, para que se enfiar em um livro repetindo os pronomes relativos quando se pode simplesmente alugar um quarto de hotel com vista para o mar?

💡 Movimente-se
Para aprender, você não precisa necessariamente estar sentado à escrivaninha. Levante-se, suba e desça até o quarto ou repita a nova regra para si mesmo ao dar um passeio, durante uma corrida ou natação. O cérebro funciona comprovadamente melhor quando o corpo está em movimento. E a circulação sanguínea agradece.

💡 Gramática com rimas
Truques de memória, rimas, formação de palavras e associações diversas são muito úteis no aprendizado de regras gramaticais. Macetes que já ajudaram no aprendizado de história, por exemplo, servirão também no aprendizado de línguas.

Dicas e macetes

L! **Dê asas à sua imaginação**
No sentido mais verdadeiro da palavra, componha uma imagem da situação, pois também as imagens que você mentaliza servem de lembrete à memória. Portanto, procure associar um novo conceito gramatical ou uma regra difícil com alguma imagem fácil. Relembrar os tempos verbais, em especial, é algo que funciona melhor quando você tem uma ideia visual do respectivo tempo verbal. Essas ideias podem ser abstratas ou concretas. Quanto mais carregada de sensação for uma imagem, mais forte será a ligação com o conteúdo gramatical em questão.

L! **A pergunta fundamental: e como lidar com a língua materna?**
Pense um pouco em seus próprios hábitos linguísticos e observe as regras de sua língua materna. As normas da língua estrangeira são muito mais fáceis de demonstrar e de aprender quando se conhecem as diferenças entre as próprias línguas.

L! **Trocando a gramática por um assado ao molho**
Procure explicar para outra pessoa (filho, cônjuge, amigo) as peculiaridades gramaticais de uma língua estrangeira. A melhor maneira de aprender é ensinando o outro, até porque assim você toma consciência das regras mais uma vez. Mire-se no exemplo do seu filho lhe ensinando como mandar um torpedo ou de sua sogra ao lhe ensinar uma receita de assado ao molho.

L! **Escreva e-mails**
Para praticar a escrita, procure um amigo e troque com ele mensagens curtas em língua estrangeira. Combinem de um corrigir o outro. Você verá que é divertido praticar

dessa maneira e chamar a atenção para o erro do outro, que talvez coincida com o seu.

Quem lê leva vantagem
Envatere lentamente por leituras em língua estrangeira, seja de modo simplificado, com auxílio de traduções, seja por meio de textos originais, e preste atenção às sutilezas gramaticais. Não importa o quanto se lê, e sim as estruturas gramaticais que se possa compreender.

Aprendizado multimídia
Aprenda com diversas mídias. Assista a DVDs ou filmes com som original, se possível com as legendas originais – por exemplo, um filme italiano com legendas em italiano. Você verá que quando se lê o mesmo texto que se ouve, a compreensão é sensivelmente melhor do que ouvir sem texto algum. Pause o DVD em alguns momentos e escreva palavras, frases ou estruturas gramaticais que achar interessantes. Você poderá avaliar seu progresso pela frequência de erros gramaticais que constatar nas falas dos atores.

Aprender livremente
O melhor vem por último: usar a língua. Viajar aos países em que a língua é falada, ter o prazer de conversar com as pessoas na língua que você está aprendendo ou pode vir a aprender e desfrutar do reconhecimento que obterá dos contatos que poderá fazer – pois idiomas abrem portas...
Nós, da Redação Langenscheidt, desejamos que você se divirta aprendendo italiano!

L'articolo

1 Artigo

1.1 Artigo definido

Formas

❶ O artigo definido varia de acordo com o gênero gramatical e da letra inicial do substantivo subsequente.

	Masculino		Feminino	
	Singular	Plural	Singular	Plural
Antes de consoantes	il libro (o livro)	i libri	la casa (a casa)	le case
Antes de vogal	l'amico (o amigo)	gli amici	l'amica (a amiga)	le amiche
Antes de s + consoante, z, gn, ps, x, y	lo studente (o estudante)	gli studenti		

❶ O artigo definido se funde com algumas preposições formando uma palavra, de modo semelhante ao que se tem em português (por exemplo, *a + o → ao*):

+	il	lo	l'	la	i	gli	le
a	al	allo	all'	alla	ai	agli	alle
di	del	dello	dell'	della	dei	degli	delle
da	dal	dallo	dall'	dalla	dai	dagli	dalle
in	nel	nello	nell'	nella	nei	negli	nelle
su	sul	sullo	sull'	sulla	sui	sugli	sulle

Vado al cinema. (Vou ao cinema.)
Sul tavolo ci sono le mie chiavi. (Minhas chaves estão sobre a mesa.)

Uso

☼ O artigo definido é empregado para algo conhecido ou já nomeado:
Il libro di Umberto Eco è in cucina. (O livro de Umberto Eco [= bastante determinado] está na cozinha.)

O artigo definido também é usado:
- antes de nomes e pronomes (a não ser no discurso direto):
  Il signor Marchi compra un giornale. (O senhor Marchi compra um jornal.)
- antes da descrição de características físicas ou de outro tipo:
  Pietro ha i capelli biondi. (Pietro tem cabelos louros.)
  Gina porta gli occhiali. (Gina usa óculos.)
- na indicação de horário:
  Sono già le cinque! (Já são cinco horas!)

A2
- diante de pronomes possessivos (▶ 6.2):
  la mia amica (minha amiga)

A2
- diante de continentes, países, regiões, rios, mares e ilhas:
  l'Europa (a Europa), **l'Italia** (a Itália), **la Francia** (a França), **la Toscana** (a Toscana), **il Po** (o Pó), **il Garda** (o Garda), **la Sicilia** (a Sicília)

  ❗ Mas, ao usar uma combinação dessas designações geográficas com **in** ou **di**, o artigo definido desaparece:
  Vado in Italia. (Eu vou à Itália.)
  I vini d'Italia sono molto famosi. (Os vinhos italianos são muito famosos.)

A2
- diante de períodos do dia ou dias da semana, para expressar ações habituais e regulares:
  La mattina mi sveglio presto. (Pela manhã eu acordo cedo.)
  Il lunedì vado al corso d'italiano. (Às segundas vou [sempre] ao curso de italiano.)

> Artigo

◗ Mas, em ações passadas, diante de dias da semana, o artigo desaparece:
Lunedì vado al cinema. (Às segundas vou ao cinema.)

1.2 Artigo indefinido

A1

Formas

ℹ️ O artigo indefinido não tem plural. Em frase no plural, usa-se por vezes o artigo partitivo (▷ 1.3).

	Masculino	Feminino
Diante de consoantes	un libro (um livro)	una casa (uma casa) un'amica (uma amiga)
Diante de vogais	un amico (um amigo)	
Diante de s + consoantes, z, gn, ps, x, y	uno studente (um estudante)	

Uso

☼ Em essência, o uso do artigo indefinido corresponde ao uso que dele se faz em português. Ele remete a algo que não foi definido de maneira precisa ou que ainda não foi nomeado.
Leggo un libro. (Eu leio um [= algum] livro.)

⚡ O artigo indefinido não é empregado diante de mezzo, exclamações e aposições (inserções):
A2 Ne prendo mezzo chilo. (Vou levar meio quilo.)
B1 Che fortuna! (Que sorte!)
B2 Marcello Mastroianni, famosissimo attore, …
Marcello Mastroianni, famosíssimo ator.)

1.3 Artigo partitivo

Formas
❶ O artigo partitivo é formado pela junção da preposição di com o artigo definido (▷ 1.1).

+	il	lo	l'	la	i	gli	le
di	del	dell'	dello	della	dei	degli	delle

Uso
☼ O artigo partitivo caracteriza determinada quantidade e nem sempre é traduzido:
C'è **del** pane? (Tem [algum] pão?)
Ho comprato **dei** pomodori e **delle** pere. (Comprei tomates e peras.)

⚡ O artigo partitivo não é usado em sentenças negativas, com conceitos abstratos ou com indicação de quantidade.
Non c'è più pane. (Não tem mais pão.)
C'è ancora speranza. (Ainda há esperança.)
Ho comprato molti/tanti libri. (Comprei muitos livros.)
Ho comprato un chilo di mele. (Comprei um quilo de maçãs.)

2 Substantivo

2.1 Gênero

ℹ️ Assim como em português, em italiano existem substantivos masculinos e femininos. Não existe gênero neutro. Há uma diferença entre gênero natural (de pessoas e animais) e gênero.

Formas

💡 Na maioria dos casos, é possível reconhecer o gênero pela terminação. Tal como no português, substantivos terminados em -o, normalmente, são masculinos. Substantivos terminados em -a , na maioria das vezes, são femininos. Substantivos terminados em -e podem ser tanto masculinos quanto femininos.

Masculino	Feminino
il piatto (o prato)	la casa (a casa)
il paese (o país)	la stazione (a estação)

🔸 Exceções:
- Substantivos masculinos em -ma: **il cinema** (o cinema), **il problema** (o problema).
- Substantivos femininos em -o: **la mano** (a mão), **la radio** (o rádio), **la foto**(grafia) (a foto)
- Substantivos terminados em -zione, -tà, -tù, -trice são femininos: **la colazione** (o café da manhã), **la città** (a cidade), **la virtù** (a virtude), **la lavatrice** (a máquina de lavar).
- Substantivos em -ista ou em -a podem ser tanto masculinos quanto femininos, o que varia de acordo com o sexo biológico. Nesses casos, o gênero é reconhecido somente pelo artigo: **il farmacista** (o farmacêutico) – **la farmacista** (a farmacêutica), **il collega** (o colega) – **la collega** (a colega).

Alguns substantivos possuem radicais diferentes na forma masculina e na feminina:

Masculino	Feminino
il padre (o pai)	la madre (a mãe)
il fratello (o irmão)	la sorella (a irmã)
il marito (o marido)	la moglie (a mulher)

A1 2.2 **Plural**

Formas

O plural de substantivos masculinos terminados em -o é formado com o sufixo -i e o plural de substantivos femininos terminados em -a é formado com o sufixo -e. Independentemente do gênero, o plural de substantivos terminados em -e é formado sempre com o sufixo -i.

Masculino		Feminino	
Singular	Plural	Singular	Plural
il piatto (o prato)	i piatti	la casa (a casa)	le case
il paese (o país)	i paesi	la stazione (a estação)	le stazioni

◐ Formas peculiares:
il cinema (o cinema) → i cinema, la mano (a mão) → le mani, la radio (o rádio) → le radio

⚡ Nos substantivos a seguir, atente para a pronúncia do plural:

- Substantivos terminados em -ca, -ga, -co, -go:
  ☼ Para manter a pronúncia, nos substantivos terminados em -ca, -ga, -co, -go e com a penúltima sílaba acentuada, acrescenta-se -h- entre -c- ou -g- e a vogal final:

Substantivo

l'amica (a amiga) → le amiche, **A2** la collega (a colega) → le colleghe, il tedesco (o alemão) → i tedeschi, **B1** il luogo (o local) → i luoghi.

◐ l'amico (o amigo) → gli amici, il greco (o grego) → i greci

⚡ Porém, se nos substantivos masculinos terminados em -co e -go, a sílaba tônica for a antepenúltima, a grafia se mantém:
il medico (o médico) → i medici, l'asparago (o aspargo) → gli asparagi.

◐ il carico (o peso) → i carichi, il catalogo (o catálogo) → i cataloghi

- Substantivos terminados em -cia, -gia:
  ☼ Se o -i- for átono, ou se as terminações -cia e -gia forem precedidas de uma consoante, o plural é formado com -ce ou -ge:
  B1 l'arancia (a laranja) → le arance, **A2** la spiaggia (a praia) → le spiagge.
  ⚡ Se o -i- for tônico ou se as terminações -cia e -gia foram precedidas por uma vogal, mantém-se o -i-:
  A2 la camicia (a camisa) → le camicie, la valigia (a mala) → le valigie.

- Substantivos terminados em -io:
  ☼ Se o -i- for tônico, o plural é formado com -ii:
  A2 lo zio (o tio) → gli zii.
  No -i- átono, o plural do substantivo termina em -i:
  A2 lo studio (o estudo) → gli studi.

◐ Existe uma série de formas plurais irregulares:
l'uomo (o homem) → gli uomini, **B1** il dio (o deus) → gli dei.

Substantivo

⚡ Em italiano, alguns substantivos não têm plural, por exemplo: la gente (as pessoas), la roba (a coisa, o utensílio), B1 l'uva (as uvas).
Inversamente, outros substantivos têm, em italiano, somente a forma plural: B1 le forbici (a tesoura), i soldi (o dinheiro) gli occhiali, (os óculos), i pantaloni (as calças).

☀ Alguns substantivos são invariáveis, mantendo a mesma forma tanto no singular quanto no plural:
- Substantivos que terminam em consoantes (geralmente palavras estrangeiras): il film (o filme) → i film
- Substantivos monossílabos: B2 il re (o rei) → i re
- Abreviações: la foto(grafia) (a foto) → le foto
- Substantivos terminados em -tà, -tù, -è: la città (a cidade) → le città, B2 la virtù (a virtude) → le virtù, il caffè (o café) → i caffè
- Substantivos terminados em -i: A2 la crisi (a crise) → le crisi

A2 ⚡ Alguns substantivos, que no singular são masculinos, assumem no plural uma forma feminina. Essas formas plurais costumam terminar em -a:
l'uovo (o ovo) → le uova, B1 il paio (o par) → le paia, il braccio (o braço) → le braccia, B1 il labbro (os lábios) → le labbra.

Un colpo d'occhio

Olhando de perto 🔍

Artigo definido

Formas
O artigo definido masculino é:
- no singular, il (**il** signore), no plural, i (**i** signori)
- se o substantivo subsequente começar com vogal: l' (**l'**amico); no plural, gli (**gli** amici)
- se o substantivo subsequente começar com s + consoante ou x, y, z: lo (**lo** studente); no plural, gli (**gli** studenti)

O artigo definido feminino, no singular, é la (**la** pizza) ou, quando o substantivo subsequente começar com uma vogal, l' (**l'**amica), e, no plural, le (**le** pizze).

> **G** Antes de substantivos masculino, que começam com pn, ps, pl, gn o artigo tem a forma lo (**lo** psicologo) no singular, e gli plural.

Uso
Considere as seguintes sentenças: La mattina il signor Rossi incontra la sua amica. (Pela manhã o senhor Rossi encontra a sua amiga.) Observe que o artigo definido é posto antes de nomes (**il** signor Rossi), de períodos do dia (**la** mattina) e também diante de pronomes possessivos (▶ 6.2) (**la** sua amica).

Artigo indefinido

Formas
As formas são:
- No feminino, una (quando o substantivo subsequente começar com vogal, **una** abrevia-se em un')
- No masculino, un ou uno, quando o substantivo subsequente começar com s + consoante, x, y, z pn, ps, pl, gn.

Uso

No essencial, o uso é o mesmo que em português:
⚡ Diante de mezzo não se usa artigo: Vorrei mezzo chilo di funghi. (Eu gostaria de meio quilo de cogumelos.)

Artigo partitivo

O artigo partitivo resulta da aglutinação da preposição com o artigo definido, por exemplo, di + il = del; di + la = della.

Uso

Usa-se o artigo partitivo como complemento que indica alguma quantidade. Em português ele geralmente não é traduzido. Vuoi del pane? (Você quer pão?)
❶ Em complementos que caracterizam determinadas quantidades, o substantivo é precedido pela preposição di. Un litro di latte. (Um litro de leite.)

Substantivo

Normalmente, os substantivos terminados em -o são masculinos, e os terminados em -a são femininos. Os substantivos terminados em -e podem ser ou masculinos ou femininos. Há exceções, como il cinema, la mano.
Não há substantivo neutro em italiano.
No plural, os substantivos terminados:
- em -o ou -e, no singular, independentemente do gênero, são formados com o sufixo -i
- em -a, normalmente, são formados com o sufixo -e
- em -ca, -ga, -co, -go, com penúltima sílaba tônica, acrescenta-se -h- entre -c- ou -g- e a vogal subsequente: il cuoco, i cuochi (o cozinheiro, os cozinheiros).

❶ Há muitas exceções, sobretudo partes do corpo: il ginocchio, le ginocchia (o joelho, os joelhos).

L'aggettivo

3 Adjetivo

Adjetivos são empregados para descrever pessoas, coisas e conceitos de maneira mais precisa.

3.1 Gênero

Formas

☼ Em italiano, existem dois grupos de adjetivos: adjetivos terminados em -o/-a, que se diferenciam entre masculino (terminação -o) e feminino (terminação -a), e adjetivos terminados em -e, que têm uma única forma para masculino e feminino.

Masculino	Feminino
il naso piccolo (o nariz pequeno)	la casa piccola (a casa pequena)
il naso grande (o nariz grande)	la casa grande (a casa grande)

◐ Além disso, há alguns adjetivos invariáveis. São, sobretudo:
- adjetivos que designam cores, como antracite (antracito), blu (azul), viola (violeta), beige (bege), lilla (lilás), rosa (rosa): i pantaloni blu (as calças azuis), la giacca blu (a jaqueta azul).
- caracterizações compostas de cores, como verde chiaro (verde-claro), verde scuro (verde-escuro); la gonna rosso scuro (a saia vermelho-escuro), i pantaloni grigio chiaro (as calças cinza-claro).
- palavras estrangeiras: un vestito molto chic (um vestido muito chique).

3.2 Plural

Formas

A formação do plural dos adjetivos segue a mesma regra dos substantivos correspondentes (▷ 2.2).

Adjetivo

	Singular	Plural
o → i	il naso piccolo (o nariz pequeno)	i nasi piccoli
a → e	la casa piccola (a casa pequena)	le case piccole
e → i	il naso grande (o nariz grande)	i nasi grandi
e → i	la casa grande (a casa grande)	le case grandi

◐ Exceções: O masculino plural dos adjetivos que terminam em -go no singular – diferentemente do que se tem nos substantivos – apresentam sempre a terminação -ghi: lungo (longo) → lunghi: i capelli lunghi (os cabelos longos).

A1 ### 3.3 Concordância nominal

☼ O adjetivo concorda sempre em gênero e número com o substantivo que qualifica: i ragazzi italiani (os rapazes italianos), – le ragazze italiane (as moças italianas).
Isso vale também para o uso como predicativo:
Marietta è simpatica. (Marietta é simpática.)

Tal como no português, se um adjetivo se relaciona com mais substantivos de gêneros diferentes, emprega-se a forma do masculino plural: i ragazzi e le ragazze italiani (os rapazes e moças italianos).

A1 ### 3.4 Posição do adjetivo

☼ Adjetivos podem ser colocados antes ou depois dos substantivos, mas na maioria dos casos são usados depois.

Os adjetivos a seguir vêm sempre depois do substantivo.
- Adjetivos que caracterizem nação, religião, política, forma ou cores: un libro **italiano** (um livro italiano), il pullover **blu** (o pulôver azul), **B1** il partito **comunista** (o partido comunista).

Adjetivo

- Adjetivos com mais de uma sílaba: **una situazione insopportabile** (uma situação insuportável).
- Adjetivos combinados com um advérbio: **un film molto bello** (um filme muito belo).
- Particípios empregados como adjetivos: **un prezzo conveniente** (um preço conveniente).

O adjetivo usado entre o artigo e o substantivo tem função descritiva: **una splendida giornata** (um dia esplêndido), **un bravo bambino** (uma criança talentosa).

ⓘ A depender de seu sentido, alguns adjetivos se modificam, tendo diferentes sentidos dependendo de sua posição em relação ao substantivo qualificado. **A2**

caro:	un vino **caro**	Um vinho **caro**
	un **caro** amico	Um **caro** (= querido) amigo
certo:	una cosa **certa**	Uma coisa **certa**
	una **certa** cosa	Uma **certa** coisa
grande:	un museo **grande**	Um museu **grande**
	un **gran** museo	Um **grande** museu
povero:	un uomo **povero**	Um homem **pobre** (= sem recursos)
	un **pover'**uomo	Um **pobre** (= vitimado pela infelicidade) homem
solo:	una persona **sola**	Uma pessoa **só**
	una **sola** persona	Uma **só** pessoa
vecchio:	un amico **vecchio**	Um amigo **velho** (= adiantado em anos)
	un **vecchio** amico	Um **velho** (= de longa data) amigo

Adjetivo

B1 ☼ Os adjetivos buono (bom) e bello (belo) mudam de forma dependendo de sua posição. Se vierem após o substantivo, a forma básica se mantém inalterada:
Il vino è **buono**. (O vinho é bom.)
Questi libri sono **belli**. (Estes livros são belos.)
Mas, se vierem antes do substantivo, sua terminação se altera, de modo semelhante ao artigo.

No singular, buono porta-se como o artigo indefinido (▷ 1.2):

	Masculino	Feminino
Antes de consoante	un buon ristorante (um bom restaurante)	una buona storia (uma boa história)
Antes de vogal	un buon amico (um bom amigo)	una buon'amica (uma boa amiga)
Antes de s + consoante, z, gn, ps, x, y	un buono spumante (um bom espumante)	

Diante de um substantivo, bello se comporta como um artigo definido (▷ 1.1) ou como o pronome demonstrativo quello (▷ 6.3):

	Masculino singular	Plural
Antes de consoante	un bel posto (um belo posto)	dei bei posti
Antes de vogal	un bell'uomo (um belo homem)	dei begli uomini
Antes de s + consoante, z, gn, ps, x, y	un bello specchio (um belo espelho)	dei begli specchi

No singular, a forma feminina pode ser usada apostrofada, como bell': una bella/bell'amica (uma bela amiga).

L'avverbio

4. Advérbio B2

❶ O advérbio determina um verbo, um adjetivo ou outro advérbio. Tal como no português, é invariável.

Formas

☼ Além dos advérbios originais, por exemplo, qui (aqui), subito (logo, já), no italiano também há advérbios derivados de adjetivos. Eles são formados acrescentando-se a terminação -mente ao feminino singular do adjetivo:

Adjetivo feminino		Advérbio
strana	→	strana**mente** (raramente)
tranquilla	→	tranquilla**mente** (tranquilamente)
corrente	→	corrente**mente** (corrente/fluente)

◐ Nos adjetivos terminados em -le e -re, a vogal final -e cai, e a terminação -mente é acrescentada após a consoante:
facile → facil**mente** (fácil)
particolare → particolar**mente** (particularmente)

⚡ De alguns adjetivos, os advérbios derivam de maneira irregular:
buono → **bene** (bom), cattivo → **male** (mau/mal).

Uso

O masculino singular dos adjetivos de quantidade molto (muito), poco (pouco) e troppo (demais) são empregados também como advérbios.
Questa camicia è **troppo** cara, ma mi piace **molto**.
(Esta camisa é muito cara, mas me agrada muito.)

Advérbio

Posição

❶ A posição do advérbio depende essencialmente de seu tipo:

- Advérbios de modo geralmente vêm depois do verbo:
  Sto **bene/male**. (Eu vou bem/mal.)
  Il test è **particolarmente** difficile. (O teste é particularmente difícil.)

- **A2** Normalmente, os advérbios de lugar são usados no início ou no final da sentença:
  Qui sto bene. (Aqui estou bem.)
  L'ascensore è **lì**. (O elevador fica ali.)

- **A2** Na maioria das vezes, os advérbios de tempo são usados no início ou no final da sentença, e os de tempo indeterminado, após o verbo:
  Stasera ho molto da fare. (Hoje à noite tenho muito que fazer.)
  Ci vediamo **domani**. (Nos vemos amanhã.)
  Marco lavora **sempre** troppo. (Marco sempre trabalha demais.)
  ⚡ Nos tempos compostos, già (já) e ancora (ainda) são usados entre o verbo auxiliar e o particípio:
  I Rossi sono **già** arrivati. (Os Rossi já chegaram.)

- Normalmente, advérbios de indicação de quantidade aparecem após o verbo:
  Ho lavorato **tanto**. (Trabalhei tanto.)

La comparazione

5 Comparação

> Normalmente, a comparação é expressa com o comparativo e com o superlativo.

5.1 Comparativo

Formas

☼ Em italiano, o comparativo regular é composto com **più** ou **meno** e com o adjetivo ou advérbio:

- Comparativo de superioridade:

più + adjetivo + **di/che**	**più bello di/che** (mais belo do que)
più + adjetivo + **di/che**	**più tardi di/che** (mais tarde do que)

- Comparativo de inferioridade:

meno + adjetivo + **di/che**	**meno bello di/che** (menos belo que/do que)
meno + adjetivo + **di/che**	**meno tardi di/che** (menos tarde que/do que)

> Em italiano, o objeto de comparação é precedido de **di** ou **che**:

- Se dois substantivos ou pronomes forem comparados entre si, emprega-se **di**:
  Pia è **più intelligente di** Marco. (Pia é mais inteligente do que Marco.)
- Se forem comparados dois adjetivos, expressões, advérbios ou verbos, emprega-se o **che**:
  Marco è **più furbo che** intelligente. (Marco é mais esperto do que inteligente.)
  In Germania fa **meno caldo che** in Italia. (Na Alemanha faz menos calor do que na Itália.)
  Meglio tardi che mai. (Antes tarde do que nunca.)

> Comparação

- Comparativo de igualdade:

(così) + adjetivo/advérbio + come	Marco è (così) simpatico come Gianna. (Marco é tão simpático quanto Gianna.)
(tanto) + adjetivo/advérbio + quanto	La mia macchina è (tanto) cara quanto la tua. (Meu carro é tão caro quanto o seu.)

❶ Così ou tanto podem ser suprimidos.

B1 ## 5.2 Superlativo

Formas

Assim como no português, no italiano há uma diferença entre o superlativo relativo e o absoluto.

- Com artigos definidos, o superlativo relativo é formado com più e com o adjetivo ou advérbio: più e o adjetivo podem vir antes ou depois do substantivo:
  il più bel libro/**il** libro **più bello** (o livro mais belo.)
  Anna parte **il più tardi** di tutti. (Anna sai mais tarde do que todos.)

B2
- O superlativo absoluto é formado com a terminação -issimo; os advérbios derivados têm a terminação -issimamente adicionada ao radical. Também é possível obtê-lo com a formulação molto + adjetivo/advérbio; em sua versão com o advérbio, essa forma é a mais empregada:
  Bologna è una città **bellissima/molto bella.**
  (Bolonha é uma cidade belíssima.)
  Anna è partita **tardissimo/molto tardi.** (Anna partiu muito tarde.)
  Imparo **facilissimamente.** (Eu aprendo muito facilmente.)

5.3 Comparativo irregular

B1

Além de sua forma superlativa regular, alguns adjetivos têm também a sua forma irregular:

Forma básica	Comparativo	Superlativo relativo	Superlativo absoluto
buono	migliore	il migliore	ottimo
(bom)	(melhor)	(o melhor)	(muito bom)
cattivo	peggiore	il peggiore	pessimo
(ruim)	(pior)	(o pior)	(péssimo)
grande	maggiore*	il maggiore*	massimo*
(grande)	(maior)	(o maior)	(máximo)
piccolo	minore*	il minore*	minimo*
(pequeno)	(menor)	(o menor)	(mínimo)

* Na maioria dos casos, essas formas irregulares têm sentido figurado, enquanto as formas irregulares são empregadas em seu sentido básico.
Il vino è **ottimo/buonissimo.** (O vinho é ótimo.)

Alguns advérbios irregulares também compõem o comparativo – como os adjetivos correspondentes – de maneira irregular. A formação do superlativo segue as mesmas regras da dos adjetivos: à raiz do advérbio acrescenta-se -issimo.

B2

Forma básica	Comparativo	Superlativo
bene (bem)	meglio (melhor)	benissimo (muito bom)
male (mal)	peggio (pior)	malissimo (muito ruim)
molto (muito)	più (mais)	moltissimo (muitíssimo)
poco (pouco)	meno (menos)	pochissimo (pouquíssimo)

Sto **meglio/peggio.** (Estou melhor/pior.)
Ho mangiato **benissimo.** (Comi muito bem.)

Un colpo d'occhio

Olhando de perto

Adjetivo

Os adjetivos concordam em gênero e número com o substantivo que qualificam.

- Adjetivos terminados em -o têm uma forma feminina em -a: un amico simpatico (um amigo simpático), un'amica simpatica (uma amiga simpática). No plural, o -o é substituído por -i: un vino italiano, due vini italiani (um vinho italiano, dois vinhos italianos); -a se torna -e (una birra fredda, due birre fredde).
- Para ambos os gêneros, adjetivos terminados em -e têm uma única forma e, no plural, terminam em -i: un libro interessante, una signora interessante (um livro interessante, uma mulher interessante).

❶ Alguns adjetivos de cores e palavras estrangeiras têm no masculino e no feminino a mesma forma: una gonna blu (uma saia azul).

G Se um adjetivo qualificar palavras masculinas e femininas, emprega-se a forma masculina: (Maria e Franco sono italiani.).

Posição

Em italiano, o adjetivo normalmente é colocado depois do substantivo. Ele pode vir anteposto nos seguintes casos:

- para modificar o sentido do substantivo: una persona grande caracteriza uma pessoa grande, e una grande persona, uma pessoa célebre.
- para ressaltar um adjetivo: dei piccoli fiorellini. Fiorellini é uma forma diminutiva, e piccoli intensifica o sentido.

> Olhando de perto

Advérbio

Um advérbio especifica um verbo, um adjetivo, outro advérbio ou uma sentença inteira.

Formas
O advérbio deriva dos adjetivos da seguinte maneira:
- Aos adjetivos terminados em -o acrescenta-se o sufixo -mente à sua flexão no feminino singular:
sicuro → sicuramente
- Aos adjetivos terminados em -e acrescenta-se o sufixo -mente: veloce → velocemente
- Aos adjetivos terminados em -le e -re suprime-se a vogal e se acrescenta o sufixo -mente: facile → facilmente

❶ Na maioria das vezes, os advérbios vêm antes do verbo. Già (já) e ancora (ainda) aparecem entre o verbo auxiliar e o particípio.

Comparação

A comparação é expressa com o comparativo ou com o grau superlativo.
O comparativo tem três formas:
- de superioridade: più + adjetivo/advérbio + di/che
- de inferioridade: meno + adjetivo/advérbio + di/che
- de igualdade: (così) + adjetivo/advérbio + come

❶ Di é usado com substantivos ou pronomes, e che, com adjetivos ou verbos.

O superlativo tem duas formas:
- O superlativo relativo: artigo + più + adjetivo/advérbio
- O superlativo absoluto: é formado com adjetivos de terminação -issimo e com advérbios terminados em -issimamente: Il caffè è buonissimo.

❶ Muitas exceções: buono → migliore → ottimo etc.

Il pronome

A2 **6 Pronome**

A2 **6.1 Pronome pessoal**

Formas

A1 Pronomes pessoais retos	Pronomes oblíquos diretos		Pronomes oblíquos indiretos		A1 Pronomes reflexivos
io (eu)	mi	me	mi	a me	mi
tu (tu/você)	ti	te	ti	a te	ti
lui/lei/Lei (ele/ela)	lo/la/La	lui/lei/Lei	gli/le/Le	a lui/lei/Lei	si
noi (nós)	ci	noi	ci	a noi	ci
voi/Voi (vós)	vi/Vi	voi	vi/Vi	a voi/Voi	vi
loro/Loro (eles)	li/le	loro	loro/Loro	a loro/Loro	si

Na 3ª pessoa, o pronome oblíquo direto átono tem apóstrofo diante de vogal e h. **L'ho vista ieri.** (Eu a vi ontem.)

↩ Na linguagem formal em italiano, há uma diferença de gênero entre o singular (Lei) e o plural (Voi ou Loro). Loro é considerado muito formal e, no uso diário, é amplamente substituído por Voi.

Uso

A1 • Pronome pessoal reto

☼ O pronome pessoal reto substitui um termo já conhecido ou previamente mencionado. ⚡ Em italiano, os pronomes pessoais retos são empregados unicamente com entonação enfática (por exemplo, numa oposição): **Io vado a casa.** (Eu vou para casa) (O que você vai fazer, eu não sei.)

➕ Você pode encontrar mais sobre o pronome pessoal reto no capítulo sobre o modo subjuntivo (▶ 9.1).

Pronome

- Pronome oblíquo

  ⓘ Em italiano, há uma diferença entre as formas átonas e as formas tônicas, utilizadas para ênfase.

  ☼ O pronome oblíquo direto substitui um substantivo que responderia à pergunta "quem ou o quê?": o objeto direto.
  O pronome átono aparece antes do verbo, o tônico aparece depois ou ao final da sentença.
  La vedo spesso. (Eu a vejo com frequência.)
  Vedo spesso **lei**. (Ela eu vejo com frequência [ele não]).
  Além disso, as formas tônicas são empregadas após preposições, depois de come (como), quanto (quanto), secondo (segundo) e em exclamações.
  Vieni al cinema **con noi**? (Você vai ao cinema conosco?)
  Ho cercato una donna **come te**. (Procurei uma mulher como você.)
  Secondo me è giusto. (Na minha opinião, é correto.)
  Beata **te**! (Sorte sua!)

  ⚡ Nos tempos compostos, o particípio concorda com o pronome pessoal reto:
  L'ho incontra**ta** ieri. (Eu a [feminino singular] encontrei ontem.)
  Li ho incontra**ti** ieri. (Eu os [masculino plural] encontrei ontem.)
  Le ho incontra**te** ieri. (Eu as [feminino plural] encontrei ontem.)
  ⓘ Lo também pode significar:
  Non **lo** so. (Eu não [o] sei.)

  ☼ O pronome oblíquo indireto substitui um substantivo que responderia à pergunta "para quem?": o objeto indireto.
  O pronome átono é colocado antes do verbo, e o tônico, no início da sentença ou em seu final:
  Mi fai un favore? (Você me faz um favor?)

A noi non pensi mai. (Em nós você nunca pensa.)

➥ Na língua italiana falada, em lugar de **loro** frequentemente se usa **gli**. No entanto, a posição muda: **Gli** é usado antes do verbo e diferencia-se do masculino singular apenas pelo contexto:
Gli hai dato il tuo indirizzo?/Hai dato **loro** il tuo indirizzo? (Você deu a eles [a ele] o seu endereço?)

A1 • Pronome reflexivo
☼ Exceto na 3ª pessoa do singular, os pronomes reflexivos não são diferenciados entre formas tônicas e átonas. A forma tônica **sé** é empregada principalmente após preposições:
Pensa solo a **sé** stesso. (Ele só pensa em si mesmo.)

O pronome reflexivo é empregado com os verbos reflexivos. Normalmente, ele aparece antes do verbo conjugado:
Mi alzo la mattina presto. (Levanto cedo pela manhã.)
Ti lavi? (Você se lava?)

Quando empregado com um verbo modal, o pronome reflexivo aparece antes do verbo ou é acrescentado diretamente ao verbo principal no infinitivo (sem a terminação -e) :
Domani **mi** voglio alzare/voglio alzar**mi** presto.
(Amanhã eu me levanto/vou levantar-me cedo.)
➕ Mais informações sobre os verbos reflexivos podem ser encontradas no capítulo sobre o verbo (▶ 7.4).

B1 **Posição**
◐ A peculiaridade a seguir é observada quanto à posição dos pronomes pessoais átonos. Eles são acrescentados diretamente:

- no imperativo, exceto na 3ª pessoa do singular e do plural (▶ ⑩). Nos imperativos abreviados, como da', a letra inicial do pronome é duplicada:
  Dammi la mano! (Dê-me a mão!)
  Diteci la verità! (Diga-nos a verdade!)
  Facciamolo! (Façamo-lo!)
- no imperativo negativo ou no infinitivo sem a vogal final -e (▶ ⑩):
  Non dirlo!/Non lo dire! (Não diga!)
  Devo parlarti./Ti devo parlare. (Tenho de lhe falar.)
- No gerúndio (▶ ⑬):
  Chiudendolo bene, l'acqua non esce. (Fechando-o bem, a água não escorre.)

Os advérbios pronominais "ci" e "ne"

ⓘ Os advérbios pronominais ci e ne substituem expressões preposicionais. Normalmente, são colocados antes do verbo.

O verbo pronominal ci substitui:
- uma expressão pronominal com a no sentido de "nisso", "por isso", "para isso":
  Ci penso io. (Eu cuido disso.)
  Ci vai tu? (Você vai para lá?)
  Non ci credo. (Não acredito nisso.)
- Um lugar que seria indicado pelas preposições da, in, su, per, significando "lá", "para lá".
  Sei già stato in Italia? – Sì, ci sono già stato due volte.
  (Você já esteve na Itália? – Sim, já estive lá duas vezes.)
  Sei andato dal dentista? – No, ci vado domani.
  (Você foi ao dentista? – Não, eu vou lá amanhã.)

Em combinação com ci, os verbos a seguir têm um significado especial:

entrare (entrar)	entrarci (ter a ver com)
	Che c'entro io? (O que tenho a ver com isso?)
essere (ser)	esserci (estar presente/ter/existir)
	C'è ancora del latte? (Ainda tem leite?)
volere (querer):	volerci (ser necessário, precisar)
	Ci vogliono due ore. (São necessárias duas horas.)
stare (estar, ficar):	starci (aderir/acompanhar)
	Ci state? (Me acompanha?)

O advérbio pronominal ne é usado:
- para uma expressão preposicional que seria introduzida pelas preposições di ou da significando "quanto a isso/a respeito disso", "com isso" etc.:
Che dici di questa idea? – Che ne dico? Ne sono molto contento. (O que me diz desta ideia? – O que dizer quanto a isso? Estou muito satisfeito com isso.)
- em indicações de quantidade, no sentido de "disso/daí/por causa disso". Nos tempos compostos, o particípio deve concordar com o termo substituído por ne.
Quante mele hai comprato? (Quantas maçãs você comprou?)
Ne ho comprate tre. (Comprei três.)
Ne ho comprata una. (Comprei uma.)
- Como indicação de lugar, substituindo um termo que seria introduzido pela preposição da, ele assume o sentido de "lá":
Sei stato a Roma? – Ne sono appena tornato.
(Você já esteve em Roma? – Acabei de voltar de lá.)

Pronome

🔊 No caso dos advérbios pronominais **ci** e **ne**, deve-se atentar para as mesmas peculiaridades de posicionamento dos pronomes pessoais átonos:

Va**cci**! (Vá até lá!) Parlate**ne**! (Fale-me a respeito!)
Devo andar**ci**./**Ci** devo andare. (Tenho de ir.)

B2 Pensando**ci** bene, non mi va di uscire. (Pensando bem, não tenho nenhuma vontade de sair.)

Formas combinadas de pronomes pessoais átonos B1

O pronome oblíquo indireto, o pronome reflexivo, bem como o advérbio pronominal **ci** aglutinam-se ao pronome oblíquo direto da 3ª pessoa e ao advérbio pronominal **ne**, dando origem às seguintes formas:

+	lo	la	li	le	ne
mi	me lo	me la	me li	me le	me ne
ti	te lo	te la	te li	te le	te ne
gli/le/Le	glielo	gliela	glieli	gliele	gliene
ci	ce lo	ce la	ce li	ce le	ce ne
vi	ve lo	ve la	ve li	ve le	ve ne
loro	lo … loro	la … loro	li … loro	le … loro	ne … loro
gli	glielo	gliela	glieli	gliele	gliene
si	se lo	se la	se li	se le	se ne
ci	ce lo	ce la	ce li	ce le	–

💡 O pronome objeto direto precede o indireto (não no caso de **loro**), e os pronomes são grafados separadamente, exceto na combinação de pronomes de 3ª pessoa. As formas de combinação são inseridas diretamente antes do verbo. O particípio concorda com o pronome oblíquo direto:

Te lo do subito. (Já vou (lhe) dar.)
Te li ho già dati. (Eu já lhe (o) dei.)
L'ho detto **loro**./**Gliel**'ho detto. (Eu lhe disse [isso].)

Pronome

● Se o si estiver sendo usado no sentido de si (se) impessoal (▶ 7.5), insere-se antes dele o pronome oblíquo átono:
Lo si vede. (Vê-se.)

● Nas formas combinadas, deve-se atentar para as mesmas peculiaridades quanto ao posicionamento, como no caso do pronome pessoal átono (▶ 6.1): **Dammelo!** (Dê-mo!)

A2   6.2   Pronome possessivo

ⓘ Em italiano, diferencia-se entre o adjetivo possessivo, que incide antes de um substantivo, e o pronome possessivo, que substitui um substantivo.

Formas

Singular		Plural	
Masculino	Feminino	Masculino	Feminino
mio (meu)	mia	miei	mie
tuo (teu)	tua	tuoi	tue
suo (seu, dele)	sua	suoi	sue
Suo (seu) (ref. a você, formal)	Sua	Suoi	Sue
nostro (nosso)	nostra	nostri	nostre
vostro/Vostro (vosso/seu/ sua/seus/suas)	vostra/Vostra	vostri/Vostri	vostre/Vostre
loro/Loro (seus, deles) (invariável)			

ⓘ Em italiano, há apenas uma forma para "seu" e "ele". O pronome suo concorda em gênero com o termo de referência. No entanto, na linguagem formal, como acontece com todos os pronomes, diferencia-se entre uma ou mais pessoas: Suo (uma pessoa) ou Vostro (mais pessoas). Loro é sempre mais raro e empregado apenas em contextos muito formais.

Uso

💡 Os pronomes possessivos caracterizam uma relação de posse. No uso adjetivo, tais pronomes (à exceção de loro), assim como os adjetivos em -o/-a, concordam com o termo de referência (= posse), e na maioria das vezes são empregados após o artigo definido:
Ha chiamato la tua amica Silvia. (Sua amiga Silvia telefonou.)
La loro casa mi piace molto. (Sua casa me agrada muito.)

⚡ Já nos seguintes casos, o artigo definido é dispensado:
- Nas invocações:
  Mia cara! (Minha querida!)
- Nas relações de parentesco no singular:
  mio padre (meu pai), mia sorella (minha irmã)
  ◐ Porém, no plural e no singular com adjetivos ou em apelidos, exige-se sempre o artigo:
  le mie sorelle (as minhas irmãs), la mia mammina (a minha mãezinha), la mia sorella maggiore (a minha irmã mais velha), la loro madre (a mãe deles).
- Em determinadas casos em final de frase:
  a casa mia (em minha casa), da parte mia (de minha parte).

Na condição de pronomes possessivos, as formas são empregadas sem substantivo:
Questa macchina? È (la) mia. (Esse carro? É [o] meu.)

6.3 Pronome demonstrativo

B1

ℹ️ Em italiano, há uma diferença entre o adjetivo demonstrativo, que acompanha um substantivo, e o pronome demonstrativo, que substitui um substantivo.

Formas

Masculino		Feminino	
Singular	Plural	Singular	Plural
A1 questo (este [aqui]/esse [aí])	questi	questa	queste
quello (aquele lá)	quelli	uella	quelle
stesso (mesmo)	stessi	stessa	stesse
ciò este (invariável)			

No uso adjetivo, diante de vogais questo/questa pode também ser apostrofado: **quest'albero** (esta árvore), **quest'arancia** (esta laranja).

Para quello como pronome valem as formas da tabela acima. No uso adjetivo, da mesma forma como se tem com o artigo definido (▷ 1.1), eles variam dependendo das iniciais do substantivo subsequente.

	Masculino		Feminino	
	Singular	Plural	Singular	Plural
Antes de consoante	quel libro	quei libri	quella camera	quelle camere
Antes de vogal	quell'amico	quegli amici	quell'amica	quelle amiche
Antes de s + consoante, z, gn, os, x, y	quello studente	quegli studenti		

Pronome

Uso

Assim como em português, em italiano há uma diferença no uso dos demonstrativos relacionada à proximidade ou distância daquele que fala.

- Questo indica pessoas ou coisas que se encontram em proximidade imediata, temporal ou espacial, daquele que enuncia. Pode ser usado como adjetivo ou como pronome.
  Ti piace **questa** camicia? (Esta camisa lhe agrada?)
  Quest'anno ho passato le vacanze in Inghilterra.
  (Este ano passei as férias na Inglaterra.)
  Questi sono i miei amici. (Estes são os meus amigos.)

- Quello é empregado para indicar pessoas ou coisas espacial ou temporalmente distantes de ambos os que tomam parte na conversa. Pode ser empregado como adjetivo ou como pronome:
  Vedi **quel** tipo? (Você está vendo aquele tipo?)
  Vorrei provare **quei** pantaloni. (Eu gostaria de provar aquelas calças.)
  Quali? **Quelli** rossi? (Quais? Aquelas vermelhas?)

- Ciò tem o significado neutro de "isso/isto". Pode fazer as vezes de questo ou quello:
  Fate **ciò** (= quello) che volete. (Faça [isso] que quiser.)
  Ciò (= questo) è strano. (Isso é estranho.)

- Stesso pode ser empregado tanto como adjetivo quanto como pronome:
  Abbiamo gli **stessi** amici. (Temos os mesmos amigos.)
  Dice sempre lo **stesso**. (Diz sempre a mesma coisa.)
  Quando incide após o termo de referência, significa "mesmo", "os próprios": io ste**sso/-a** (eu mesmo), i genitori **stessi** (os próprios pais).
  ⚡ Como advérbio, lo stesso significa:
  Vengo **lo stesso**. (Venho mesmo assim.)

6.4 Pronome relativo

☼ O pronome relativo introduz uma oração auxiliar, que contém informações mais precisas sobre a palavra de referência do pronome.

Formas e uso

- O pronome relativo che é invariável; pode ser empregado como sujeito ou como objeto em orações relativas:
  Questo è l'autore **che** ha vinto il Premio Strega. (Esse é o autor que venceu o Prêmio Strega.)
  I libri **che** mi ha comprato mia madre mi piacciono. (Eu gostei dos livros que minha mãe comprou para mim.)
  Se che for acompanhado de il, ele significa "o que":
  Ho sentito del tuo successo, **il che** mi ha fatto molto piacere. (Ouvi sobre o seu sucesso, o que muito me agradou.)

- Se uma oração relativa for introduzida por uma preposição, emprega-se o pronome invariável cui:
  Ho letto il libro **di cui** mi hai parlato. (Li o livro de que você tinha me falado.)
  Se cui for usado sem preposição, ele tem o sentido de "cujo", "do qual". É inserido entre o artigo e o substantivo:
  Lo scrittore, il **cui** libro mi è piaciuto moltissimo, ha vinto un premio. (O escritor cujo livro tanto me agradou ganhou um prêmio.)

- O pronome relativo quale sempre é usado com o artigo definido. Ele concorda em número e gênero com seu termo de referência:

Masculino		Feminino	
Singular	Plural	Singular	Plural
il qual**e**	i qual**i**	la qual**e**	le qual**i**

Pronome

ⓘ Sobretudo na linguagem falada, o che é substituído por uma preposição + cui. Algumas preposições combinam-se ao artigo (▶ 1.1).
Ecco il libro **del quale** (= **di cui**) ti ho parlato. (Aqui está o livro do qual lhe falei.)
La casa **nella quale** (= **in cui**) vivo si trova in periferia. (A casa em que moro fica na periferia.)

6.5 Pronome indefinido A2

☼ Em italiano, há uma diferença entre o adjetivo indefinido e o pronome indefinido. O pronome indefinido substitui pessoas ou coisas que não possam ou não devam ser especificados de maneira mais precisa. O adjetivo indefinido indica a indefinição de um substantivo subsequente.

Formas

De modo geral, os principais pronomes e adjetivos indefinidos podem ser classificados em:

- Adjetivos indefinidos:

alcuno/-a	algum
qualche	algum, uns
ogni	todo, cada
B1 qualsiasi, qualunque	qualquer um

- Pronomes indefinidos:

B1 uno/-a	alguém
qualcuno/-a	qualquer um
qualcosa, qualche cosa	qualquer coisa
ognuno/-a	cada um, todos
B2 chiunque	qualquer um (qualquer)
niente, nulla	nada

Pronome

- Adjetivo ou pronome indefinido:

alcuni/-e	alguns/mas
altro/-a/-i/-e	outro/a/os/as
B1 ciascuno/-a	cada um
tutto/-a/-i/-e	todo/a/os/as, cada
nessuno/-a	ninguém
poco/-a/-i/-e	pouco/a/os/as
molto/-a/-i/-e	muito/a/os/as
tanto/-a/-i/-e	tanto/a/os/as
B1 parecchio/-a/-i/-e	bastante, numeroso/a/os/as
troppo/-a/-i/-e	demais

Uso

- No singular, alcuno/-a é empregado unicamente como adjetivo e em negações ou em expressões negativas: senza **alcuna** ragione (sem nenhum motivo).

- B1 Uno/-a, qualche cosa, qualcosa e qualcuno são empregados como pronomes e são invariáveis, exceto uno/-a:
  B1 Ha chiamato **uno/qualcuno.** (Chamou alguém.)
  Vuoi bere **qualcosa?** (Você quer beber alguma coisa?)

- Alcuni/-e se adapta quando não se usa pronome em sua palavra de referência.
  Qualche é invariável e sempre qualifica um substantivo singular: **alcune** volte/**qualche** volta (às vezes).
  Alcuni ci credono. (Há quem creia nisso.)

- Altro/-a concorda com o substantivo que qualifica: l'**altra** casa (a outra casa).
  Sem artigo definido, altro significa, na maioria das vezes, "outro", "um a mais":
  Vuole un'**altra** birra? (Querem outra cerveja?)

Desidera **altro**? (Deseja outra coisa?)

> ❶ Outras expressões com altro: senz'**altro** (sem mais), l'**altro** giorno (há pouco, recentemente), l'**altro** ieri (anteontem), tra l'**altro** (entre outros), B2 tutt'**altro** (ao contrário).

Os adjetivos indefinidos são invariáveis:
- Ogni: **ogni** giorno (= tutti i giorni) (todos os dias), **ogni** volta (todas as vezes).
   (🔊 Mas: **ogni** due giorni (a cada dois dias).
- B1 qualsiasi e qualunque:
   Puoi chiamare a **qualsiasi** ora/**qualunque** ora.
   (Você pode ligar a qualquer hora/a qualquer momento.)

Podem ser empregados apenas como pronomes:
- ognuno/-a:
   Ognuno lo sa. (Todo mundo sabe.)
- B2 chiunque:
   Chiunque farebbe lo stesso. (Qualquer um faria a mesma coisa.)

É empregado tanto como adjetivo quanto como pronome:
- B1 ciascuno/-a: Como adjetivo, concorda com o artigo definido (▶ 1.2) , enquanto como pronome tem o mesmo significado de ognuno (cada um, todos):
   Ha invitato **ciascun**'amica. (Convidou cada uma de suas amigas.)
   A **ciascuno** il suo. (A cada um, o seu.)

- No singular, tutto significa "todo", "inteiro". Como adjetivo, é inserido sempre antes do artigo definido e com ele concorda. Se **tutto** aparecer sozinho, significará "tudo": **tutto** il giorno (o dia inteiro).
   So **tutto**. (Eu sei tudo.)

Pronome

No plural, tutti/-e tem o significado de "todo", "cada". Diferentemente de ogni, no uso adjetivado é sempre acompanhado do artigo definido, que incide entre tutti/-e e a palavra de referência. Como pronome, é usado sozinho:
tutti i giorni (todos os dias), **tutti** e due (todos os dois).
Tutti mi guardavano. (Todos me olhavam.)

- Nessuno/-a existe apenas no singular. Como adjetivo, ele se comporta como artigo definido (▷ 1.2). Pode ser empregado também como pronome. Pela regra, nessuno segue ao verbo precedido por palavra negativa (▷ ⓱):
Non ha **nessun** amico. ([Ele/Ela] Não tem nenhum amigo.)
Non è venuto **nessuno**. (Não veio ninguém.)

- Niente tem o mesmo significado que nulla. Ambos são invariáveis e são empregados apenas como pronome.
⚡ Também aqui se usa a dupla negação (▷ ⓱):
Non posso fare **niente/nulla**. (Não posso fazer nada.)
➡ Na linguagem corrente, niente é empregado em exclamações e em sentenças abreviadas também com substantivos: **Niente paura!** (Não tenha medo!)

- Poco, molto, tanto, B1 parecchio e troppo podem ser empregados como pronomes:
Molti volevano venire. (Muitos quiseram vir.)

6.6 Pronome interrogativo

Com os pronomes interrogativos a seguir, pergunta-se por pessoas e coisas:

chi	quem, a quem
che cosa, che, cosa	o que
che	que, o qual, os quais
A2 quale	qual, que

- **Chi** é invariável e empregado apenas para pessoas. É usado sempre com preposições (**di chi** [de quem, sobre quem], **a chi** [a quem]), mas sempre sem palavra de referência:

    Chi viene? (Quem vem?)
    Chi chiami? (Quem você está chamando?)
    Di **chi** parlano? (De quem estão falando?)

- Che cosa, che e cosa têm significado comparável e, de modo geral, interrogam por coisas. São invariáveis:
    Che cosa volete? (O que vocês querem?)
    Che fai? (O que você faz?)
    ↪ Cosa (antes de vogal ou h, em geral abreviado como cos') e che são empregados apenas na linguagem falada.

- No significado de "que", che é sempre acompanhado de um substantivo. É também invariável:
    Che lavoro fai? (Qual é a sua profissão?)
    A **che** pagina? (Em que página?)

- Quale se refere a pessoas e coisas, variando em número:

Singular	Plural
quale vestito (qual vestido)	quali vestiti (quais vestidos)
quale camicia (qual camisa)	quali camicie (quais camisas)

Quale gonna scegli? (Qual saia você escolhe?)
Quali sono le tue scarpe? (Quais são seus sapatos?)

Com os pronomes interrogativos a seguir, pergunta-se pelo motivo, por local, tempo, quantidade ou tipo e modo:

perché (por que/por quê)	**Perché** non venite? (Por que não vieram?)
dove (onde/de onde)	**Dove** sono le mie chiavi? (Onde estão minhas chaves?) **Di dove** sei?/**Da dove** vieni? (De onde você vem?)
quando (quando)	**Quando** vieni? (Quando você vem?) **Da quando** abitate qui? (Desde quando vocês moram aqui?)
a che ora (a que horas)	**A che ora** parte? (A que horas parte?)
quanto (quanto, por quanto)	**Quanto** (tempo) rimanete in Italia? (Quanto tempo vão ficar na Itália?) **Quanti** siete? (Em quantos vocês estão?)
come (como)	**Come** stai? (Como vai?)

➡ Na língua falada, frequentemente, no lugar de perché, emprega-se também come mai: **Come mai** non vieni anche tu? (Por que você não vem também?)

⚡ Com quanto pergunta-se por quantidade, e o termo interrogativo concorda com a palavra de referência:
Quanto costa? (Quanto custa?)
Quanti anni hai? (Quantos anos você tem?)

Un colpo d'occhio

Olhando de perto 🔍

Pronome

Pronome pessoal

- Os pronomes pessoais, io, tu, lui/lei, noi, voi, loro, na maioria das vezes não aparecem antes do verbo: Sono di Roma. Mas costumam ser usados para enfatizar ou contrapor: Tu sei italiano, vero? ❶ A forma culta no singular é lei, e, no plural, voi.
- Os pronomes oblíquos substituem um objeto direto (resposta à pergunta "quem?" ou "o quê?") e concordam em gênero e número com a coisa ou pessoa a quem se referem. Em italiano existem:
  - pessoas átonas, empregadas em casos normais e que normalmente aparecem antes do verbo conjugado. São elas: mi, ti, lo, la, ci, vi, le. Prendi un caffè? Sì, lo prendo. (Aceita um café? Sim, eu aceito.)
  - pronomes tônicos, que são usados após uma preposição ou caso a pessoa correspondente deva ser especialmente ressaltada. São usados após o verbo. São eles: me, te, lui/lei, noi, voi, loro. Chiamo spesso lei. Eu o chamo com frequência.)
- Os pronomes oblíquos indiretos substituem um objeto indireto (resposta à pergunta "quem"). Tem-se:
  - pronomes átonos: mi, ti, gli, le, ci, vi, le. Mi piace questa canzone. (Esta canção me agrada.)
  - pronomes tônicos: a me, a te, a lui, a lei, a noi, a voi, a loro. **A me** non piace questo film, **a lui** sì. (A mim não agrada este filme, já a ele, sim.)

Olhando de perto

Os advérbios pronominais ci e ne substituem expressões preposicionais com a ou di ou da.
Ci substitui também uma indicação de lugar:
Vai dal dottore? Sì, ci vado. (Vai ao médico? Sim, vou lá.)

Pronome possessivo
Pronomes possessivos comportam-se como adjetivos.
São eles: mio, tuo, suo, nostro, vostro, loro.
⚡ Antes do pronome possessivo incide um artigo, exceção feita às formas de parentesco no singular e a loro.

Pronome demonstrativo
Questo caracteriza determinados objetos ou pessoas que estejam nas proximidades, e quello, objetos ou pessoas que estejam temporal ou espacialmente distantes.

Pronome relativo
Os pronomes che e cui introduzem sentenças relativas e são invariáveis. Che é usado como sujeito ou como objeto direto, e cui aparece depois de preposições.
ⓘ Na linguagem escrita, é comum usar il quale, sobretudo combinado com preposições.

Pronome interrogativo
Com os pronomes interrogativos a seguir, pergunta-se:
- por pessoas: chi
- por coisas: che cosa
- por motivo: perché
- por lugar: dove, di dove, da dove
- por tempo: quando, da quando

7 Verbo

7.1 Conjugações

☼ Segundo sua terminação no infinitivo, os verbos em italiano se dividem em três conjugações: -are, -ere e -ire.

-are	-ere	-ire
chiamare (chamar)	prendere (tomar)	dormire (dormir)

❶ No presente, em alguns verbos terminados em -ire, o radical do verbo muda, com o acréscimo de -isc (▶ 8.1).

Peculiaridades nos verbos terminados em -are:
- Verbos em -care, -gare: para conservar a pronúncia, na 2ª pessoa do singular e na 1ª pessoa do plural do presente do indicativo, no futuro e no condicional, acrescenta-se h após c ou g:
cercare (buscar): (io) cerco, mas: (tu) cerchi, (voi) cercherete,
pagare (pagar): (io) pago, mas: (io) pagherei, (tu) pagheresti.
- Verbos em -ciare, -giare: a vogal i do radical é omitida quando a desinência de tempo começar com i ou e:
cominciare (começar): (io) comincio, (tu) cominci, (noi) cominciamo,
mangiare (comer): (io) mangio, (tu) mangi, (noi) mangiamo.

⚡ Isso vale para alguns outros verbos terminados em -iare, por exemplo, studiare (estudar): (tu) studi, e não "studii".

⚡ Nos verbos em -cere, -gere , a escrita é mantida, apenas se devendo atentar à pronúncia: leggere (ler): (io) leggo, (tu) leggi, (lui/lei) legge.

7.2 Verbos "avere" e "essere"

Os verbos avere (ter) e essere (ser) são empregados também como verbos auxiliares nos tempos compostos. No emprego de essere, o verbo principal no particípio concorda com o sujeito.

avere + particípio passado	ho comprato (eu comprei)
essere + particípio passado	B2 erano partiti/-e (eles/as partiram)

Verbos formados com essere:
- Verbos de movimento e de estado:
  Sono andata al cinema. (Fui ao cinema.)
  Sarà rimasta a casa. (Ela vai ficar em casa.)
- Verbos reflexivos:
  Ti sei lavato le mani? (Você lavou as mãos?)
- Expressões impessoais:
  La Sicilia vi è piaciuta? (Você gostou da Sicília?)
  È nevicato. (Nevou.)
  ➡ Na linguagem corrente, as expressões relativas a clima podem ser formadas reunindo-se o passado com o verbo avere (ha piovuto). O mesmo vale para indicações de tempo/duração:
  Ha piovuto tutto il giorno. (Choveu o dia inteiro.)
- Verbos modais com um verbo que exija essere como verbo auxiliar:
  Non sono potuto/-a venire. (Eu não pude vir.)
- ⚡ Os verbos durare (durar), costare (custar), bastare (bastar), servire (servir):
  Il film è durato quasi tre ore. (O filme durou quase três horas.)
  I soldi ti sono bastati? (O dinheiro lhe foi suficiente?)
  Il libro ti è servito? (O livro lhe serviu?)

Verbo

- Na voz passiva:
  Il cantante sarà stato ammirato da tutti. (O cantor foi admirado por todos.)
- Verbos por construção com si:
  Si è costruito un ponte. (Foi construída uma ponte.)

Verbos formados com avere:
- Todos os verbos transitivos (= verbos com objeto direto):
  Laura ha scritto una lettera. (Laura escreveu uma carta.)
- Verbos de movimento, que não indicam nem ponto de partida, nem de chegada, mas caracterizam tipos de movimento: viaggiare (viajar), passeggiare (passear), nuotare (nadar), B1 sciare (esquiar), B1 camminare (caminhar), B1 correre (correr):
  Abbiamo passeggiato. (Passeamos.)

⚡ Diversos verbos podem formar tempos compostos com essere ou avere Se se tratar de um verbo com objeto direto ou com complemento do infinitivo, o avere é usado como verbo auxiliar, enquanto nos demais casos emprega-se essere.

- cominciare e finire:
  Ho cominciato (a leggere) un bel libro.
  (Comecei [a ler] um belo livro.)

  Sbrigati, il film è già cominciato.
  (Apresse-se, o filme já começou.)

- passare:
  Avranno passato delle vacanze bellissime.
  (Tiveram férias belíssimas.)

  Saranno passati per Roma.
  (Passaram por Roma.)

7.3 Verbo modal

Os verbos dovere (dever, ter de), potere (poder), sapere (saber), volere (querer) também podem atuar como verbos modais diante de um infinitivo. Nesse caso, eles expressam se uma ação é necessária, possível ou desejada.
Dobbiamo partire presto. (Temos de partir depressa.)
Non **posso** venire. (Não posso vir.)
Sapete nuotare bene. (Você sabe nadar bem.)

Na maioria das vezes, os tempos compostos formam os verbos modais com avere:
Non **ho** potuto venire. (Não pude vir.)

⚡ Se o verbo modal vier antes de um verbo conjugado com essere, tanto avere como essere podem ser usados:
Non **sono** potuto venire. (Não pude vir.)

◐ Se o verbo modal for usado com um verbo reflexivo, na formação dos tempos compostos ter-se-á a seguinte posição dos termos:

- Usa-se essere quando o pronome reflexivo vier antes do verbo modal:
  Mi sono dovuto lavare. (Tive de me lavar.)
- Usa-se avere quando o pronome reflexivo suceder o infinitivo:
  Ho dovuto lavar**mi**. (Tive de me lavar.)

7.4 Verbo reflexivo

Verbos reflexivos são formados com o auxílio dos pronomes reflexivos (▶ 6.1). Nos tempos compostos, emprega-se o verbo auxiliar essere. Normalmente, o pronome reflexivo é usado antes do verbo conjugado.

Verbo

Tempos simples lavarsi (lavar-se)	A2 Tempos compostos
mi lavo	**mi** sono lavato/-a
ti lavi	**ti** sei lavato/-a
si lava	**si** è lavato/-a
ci laviamo	**ci** siamo lavati/-e
vi lavate	**vi** siete lavati/-e
si lavano	**si** sono lavati/-e

O pronome reflexivo justapõe-se diretamente ao gerúndio e ao imperativo da 2ª pessoa do singular, bem como da 1ª e 2ª pessoa do plural: Lava**ti**! Laviamo**ci**! Lava**tevi**!

❶ No imperativo negativo, o pronome reflexivo pode ser prefixado ou anexado a essas pessoas: Non **ti** lavare/lavar**ti**!
Também no uso de um verbo modal, o pronome reflexivo ou incidirá antes desse verbo, ou será justaposto ao verbo principal no infinitivo (sem a terminação -e):
Mi voglio alzare./Voglio alzar**mi**. (Quero me levantar.)

7.5 Verbo impessoal A2

Verbos impessoais são empregados na 3ª pessoa do singular, por exemplo, succede/capita (acontece), bisogna (é necessário), ci vuole (é preciso, é necessário) basta (basta, chega), A1 mi piace (me agrada), sembra/pare (parece) etc. Na maioria dos casos, formam o tempo passado composto com essere.

Expressões impessoais com essere e fare:

è necessario (é necessário), è facile (é fácil), è meglio (é melhor), fa caldo (está calor), fa bel tempo (o tempo está bom), B2 si fa buio (está escuro).

> ☼ O que em português é expresso com há/tem/está, em italiano assume a formulação ci + essere: **C'è molto traffico.** (Tem/há muito trânsito.)

O "si" impessoal

Em italiano, a indeterminação de uma sentença é indicada por meio do pronome si. Se si vier antes de um verbo transitivo ou intransitivo, o verbo irá para a 3ª pessoa do singular:
Qui **si** mangia bene. (Aqui se come bem.)
A Bari il sabato sera **si** va in pizzeria. (Em Bari, aos sábados à noite se vai à pizzaria.)

⚡ Nos tempos compostos, o verbo auxiliar empregado é sempre essere. O particípio perfeito se mantém invariável nos verbos que normalmente são usados com o auxiliar avere. No entanto, nos verbos que exigem essere (▷ 7.2), o particípio é usado no masculino plural, e o verbo auxiliar se mantém no singular:
Si è mangiato bene. (Comeu-se bem.)
Ieri **si** è andati al cinema. (Ontem fomos ao cinema.)

Da mesma forma, quando se usa o predicativo de adjetivos com essere, eles são usados no masculino plural, enquanto o verbo se mantém no singular:
Quando **si** è stanchi, ... (Quando se está cansado...)

ℹ️ Outras possibilidades de construções impessoais em italiano:

• **B1** uno+ verbo na 3ª pessoa do singular	Qui **uno mangia** bene. (Aqui se come bem.)
• Verbo na 2ª pessoa do singular	Qui **mangi** bene. (Aqui você come bem.)
• Verbo na 3ª pessoa do plural	**Dicono** ... (Dizem...)

Un colpo d'occhio

Olhando de perto 🔍

Verbo

Os verbos italianos dividem-se em três conjugações, com infinitivos terminados em -are, -ere ou -ire.
Os verbos essere (ser) e avere (ter) são empregados também como verbos auxiliares.
Passado com avere:
- Todos os verbos transitivos: Ho mangiato una pizza. (Eu comi uma pizza.)
- Verbos que caracterizem um tipo de movimento: Ho nuotato. (Nadei.)

Passado próximo com essere:
- Todos os verbos de movimento: Sono andata a casa. (Fui para casa.)
- Todos os verbos reflexivos: Mi sono fatto la barba. (Eu fiz a barba.) O pronome é inserido antes do verbo.
- Construções com a marca de indeterminação do sujeito si: Si è mangiato bene. (Comeu-se bem.)
- Verbos modais juntamente com um verbo que rege essere: Sono dovuto andare dal dottore. (Tive de ir ao médico.)
- Expressões impessoais: È nevicato. (Nevou.)

Alguns verbos (cominciare, finire, cambiare) podem ser usados tanto com o verbo auxiliar avere quanto com o essere, o que dependerá da regência do verbo.
Como verbo transitivo, o cominciare rege avere:
Ho cominciato a studiare l'italiano. (Comecei a estudar italiano.)
No entanto, como verbo intransitivo emprega-se sempre essere: La lezione è già cominciata. (A aula já começou.)

Verbo modal

Os verbos modais não podem ser usados sozinhos, devendo sempre ser acompanhados de um verbo principal no infinitivo.

Os verbos modais são:
- volere (querer) – expressa um desejo.
- dovere (ter de/dever) – expressa uma necessidade.
- potere (poder) – expressa uma possibilidade ou uma permissão.
- sapere (saber/poder) – expressa a capacidade de fazer algo.

Verbo impessoal

É usado na 3ª pessoa do singular ou do plural.
Mi piace la musica italiana. (Gosto da música italiana.)

8 Indicativo

❶ Com o modo indicativo (forma da realidade), fatos são descritos no presente (presente), no passado (imperfeito, perfeito, perfeito histórico, mais-que-perfeito) ou no futuro (futuro simples composto).

8.1 Presente

Formas

Para a formação do presente (il presente), são acrescentadas desinências ao radical do verbo (que é o verbo sem a terminação -are/-ere/-ire). No presente, o grupo de verbos terminados em -ire divide-se ainda em dois subgrupos, e em parte desses verbos no singular, bem como na 3ª pessoa do plural, acrescenta-se -isc entre o radical do verbo e a desinência. A conjugação regular é a seguinte:

-are	-ere	-ire	
chiamare	**prendere**	**dormire**	**capire**
(chamar)	(tomar, pegar)	(dormir)	(entender)
chiam**o**	prend**o**	dorm**o**	cap**isco**
chiam**i**	prend**i**	dorm**i**	cap**isci**
chiam**a**	prend**e**	dorm**e**	cap**isce**
chiam**iamo**	prend**iamo**	dorm**iamo**	cap**iamo**
chiam**ate**	prend**ete**	dorm**ite**	cap**ite**
chiam**ano**	prend**ono**	dorm**ono**	cap**iscono**

❶ A 1ª e a 2ª pessoa do singular, bem como a 1ª pessoa do plural, apresentam sempre a mesma terminação. A sílaba tônica é sempre a penúltima, à exceção da 3ª pessoa do plural, na qual se acentua a antepenúltima sílaba.

Indicativo

⚡ Nos verbos terminados em -ire com acréscimo de -isc, deve-se atentar para a pronúncia. Entre os verbos pertencentes a essa classe estão: finire (terminar), A2 preferire (preferir), A2 pulire (limpar), B1 spedire (enviar), B1 costruire (construir), B1 sparire (desaparecer), B1 sostituire (substituir), B2 ferire (ferir).
(Outras peculiaridades você encontrará aqui: ▷ 7.1 .)

◖ O presente dos verbos essere e avere é irregular:

essere (ser)	
sono	siamo
sei	siete
è	sono

avere (ter)	
ho	abbiamo
hai	avete
ha	hanno

Seguem outros verbos com presente irregular:

andare (ir)	→	(io) vado
venire (vir)	→	(io) vengo
dire (dizer)	→	(io) dico
fare (fazer)	→	(io) faccio
sapere (saber)	→	(io) so
dare (dar)	→	(tu) dai
bere (beber)	→	(io) bevo

Uso

☼ O presente é empregado:
- para a expressão de uma ação no presente:
  Paolo **lavora** in ufficio. (Paolo trabalha em escritório.)
- para caracterizar um acontecimento certo de um futuro próximo:
  Domani **parto** per Parigi. (Amanhã parto para Paris.)
- Para descrever ações que ocorrem com regularidade:
  Il lunedì **vado** al corso d'italiano. (Às segundas vou ao curso de italiano.)

> Indicativo

- Para expressar uma afirmação de validade universal:
  Lavorare stanca. (Trabalhar cansa.)

8.2 Passado
A2

No italiano, pertencem ao tempo passado o imperfeito (l'imperfetto), o passado próximo (il passato prossimo), o passado remoto (il passato remoto) e o mais-que-perfeito (il trapassato prossimo).

8.2.1 Imperfeito
A2

Formas

O imperfeito (l'imperfetto) é formado pela adição das desinências do imperfeito, que são as mesmas para todos os três grupos, ao verbo sem a terminação do infinitivo -re. Assim, as formas se diferenciam somente pela vogal temática (-a-/-e-/-i-).

-are **chiamare** (chamar)	-ere **prendere** (tomar, pegar)	-ire **dormire** (dormir)
chiama**vo**	prende**vo**	dormi**vo**
chiama**vi**	prende**vi**	dormi**vi**
chiama**va**	prende**va**	dormi**va**
chiama**vamo**	prende**vamo**	dormi**vamo**
chiama**vate**	prende**vate**	dormi**vate**
chiama**vano**	prende**vano**	dormi**vano**

❶ Também aqui a sílaba tônica é a penúltima, exceto na 3ª pessoa do plural, na qual se acentua a antepenúltima.

Indicativo

A conjugação do verbo avere no imperfeito é regular e segue o modelo de prendere. A conjugação do verbo essere no imperfeito é irregular:

essere (ser)	
ero	eravamo
eri	eravate
era	erano

Outras importantes formas irregulares:
bere (beber) → bevevo, dire (dizer) → dicevo, fare (fazer)
→ facevo, B1 proporre (propor) → proponevo,
B1 produrre (produzir) → producevo

Uso

☼ O imperfeito é usado para ações não acabadas e acontecimentos no passado, por exemplo:
- para especificações e descrições:
  Aveva i capelli lunghi. (Tinha cabelos compridos.)
  La camera **era** molto bella. (O quarto era muito belo.)
- para estados corporais ou de espírito:
  Non ti ho più chiamato, perché **ero** stanco. (Eu não o chamei porque estava cansado.)
- para ações regulares no passado:
  Usciva sempre la sera. (Sempre saía à noite.)
- após mentre (enquanto), para ação que perdura enquanto ocorre outra ação:
  Mentre **guardavamo** la TV, è suonato il telefono. (Enquanto assistíamos à TV, tocou o telefone.)
- para duas ações concomitantes:
  Mentre **parlavo, pensavo** ad altre cose. (Enquanto eu falava, pensava em outra coisa.)
- como descrição formal, em vez de condicional simples (▷ 8.4):

Indicativo

Volevo sapere, se ... (Eu gostaria de saber se...)

➡ Na linguagem corrente, em sentenças condicionais (▷ 8.4.3), frequentemente se usa o imperfeito:
Se lo **sapevo (= l'avessi saputo),** non **venivo (= sarei venuto).** (Se eu soubesse, não teria vindo.)
Potevi (= avresti potuto) dirmelo. (Você poderia ter me dito.)

8.2.2 Passado próximo

Formas

O passado próximo (il passato prossimo) é formado com o presente de essere ou avere e com o particípio perfeito (▷ 12.1).
Quando o verbo auxiliar utilizado for essere, o verbo principal no particípio concordará em gênero e número com o sujeito. Para a concordância dos verbos compostos, utilizam-se o auxiliar avere e os pronomes lo/la/li/le: (▷ 6.1).

andare (ir)	**vendere** (vender)	**dormire** (dormir)
sono andato/-a	ho venduto	ho dormito
sei andato/-a	hai venduto	hai dormito
è andato/-a	ha venduto	ha dormito
siamo andati/-e	abbiamo venduto	abbiamo dormito
siete andati/-e	avete venduto	avete dormito
sono andati/-e	hanno venduto	hanno dormito

(Para a formação do passado próximo com essere ou avere: ▷ 7.2 .)

Indicativo

Uso

☼ O passado próximo é empregado:

- para expressar uma ação que ocorreu uma única vez, consumada no instante temporal da narrativa:
  Mi **sono alzata** alle sette. (Acordei às sete horas.)
  Sono già **tornati** ieri. (Eles já voltaram ontem.)
- para descrever de uma ação que se deu subitamente, interrompendo uma ação que estava acontecendo:
  Mentre mangiavo, **è arrivata** la mia amica Anna.
  (Enquanto eu comia, chegou a minha amiga Anna.)
- para a expressão de mais ações consumadas, que se sucedem no tempo:
  Mi **sono alzata** alle sette, ho **fatto** la doccia e **sono uscita** alle otto. (Eu acordei às sete horas, tomei banho e saí às oito.)

Indicativo

8.2.3 Passado remoto

B1

Formas

O passado remoto (il passato remoto) é formado pela adição das desinências ao verbo. As três conjugações se diferenciam apenas quanto à vogal temática e ou i (exceto na 3ª pessoa do singular). A maior parte das terminações coincide.

chiamare (chamar)	**vendere** (vender)	**partire** (partir)
chiam**ai**	vend**ei/etti**	part**ii**
chiam**asti**	vend**esti**	part**isti**
chiam**ò**	vend**è/ette**	part**ì**
chiam**ammo**	vend**emmo**	part**immo**
chiam**aste**	vend**este**	part**iste**
chiam**arono**	vend**erono/ettero**	part**irono**

ℹ️ A sílaba tônica é a antepenúltima, exceto na 3ª pessoa do plural, na qual se acentua a antepenúltima sílaba. Nos verbos terminados em -ere ocorrem também as terminações -etti (1ª pessoa do singular), -ette (3ª pessoa do singular) e -ettero (3ª pessoa do singular).

💧 O passado remoto dos verbos essere e avere é irregular: essere tem formas irregulares em todas as pessoas, e avere, apenas na 1ª e na 3ª pessoa do singular e na 3ª pessoa do plural.

essere (ser)	
fui	fummo
fosti	foste
fu	furono

avere (ter)	
ebbi	avemmo
avesti	aveste
ebbe	ebbero

Indicativo

🌢 Diversos verbos, a maioria terminada em -ere, são irregulares no passado remoto. Por isso deve-se prestar atenção, uma vez que, como avere, apenas a 1ª e a 3ª pessoa do singular, bem como a 3ª pessoa do plural, são irregulares:

chiudere (fechar)

chiusi	chiudemmo
chiudesti	chiudeste
chiuse	chiusero

Outros exemplos de formas irregulares:

chiedere (perguntar): (io) chiesi, (lui/lei) chiese, (loro) chiesero
sapere (saber): (io) seppi, (lui/lei) seppe, (loro) seppero
volere (querer): (io) volli, (lui/lei) volle, (loro) vollero
bere (beber): (io) bevvi, (lui/lei) bevve, (loro) bevvero
dire (dizer): (io) dissi, (lui/lei) disse, (loro) dissero

Uso

💡 O passado remoto é empregado para expressar um acontecimento histórico ou que se consumou no passado:

Michelangelo **abbandonò** per più di vent'anni la pittura e **si dedicò** alla scultura e all'architettura. (Michelangelo abandonou a pintura por mais de vinte anos para se dedicar à escultura e à arquitetura.)

Nacque nel 1930. (Nasceu em 1930) (significa que ele não vive mais).

È nato nel 1930. (Nasceu em 1930) (significa que ele ainda vive).

ℹ️ O passado remoto é empregado na maioria das vezes em textos literários. Na linguagem falada, é frequentemente substituído pelo passado próximo – mas isso já

Indicativo

não ocorre, por exemplo, no sul da Itália e na Toscana. Nessas formas, um conhecimento passivo é suficiente.

8.2.4 Mais-que-perfeito B2

Formas

O mais-que-perfeito (il traspassato prossimo) é formado com o imperfeito dos verbos auxiliares **avere** ou **essere** e o particípio perfeito do verbo principal. ⚡ No emprego com **essere**, o verbo principal no particípio deve concordar com o sujeito.

chiamare (chamar)	**partire** *(partir)*
avevo chiamato	ero partito/-a
avevi chiamato	eri partito/-a
aveva chiamato	era partito/-a
avevamo chiamato	eravamo partiti/-e
avevate chiamato	eravate partiti/-e
avevano chiamato	erano partiti/-e

Uso

☼ O mais-que-perfeito é empregado para expressar a precedência de uma ação no passado: a ação no mais-que-perfeito se dá antes de outro processo a que se faz menção.

Quando l'abbiamo visto, **aveva** già **superato** gli esami. (Quando nós o vimos, ele já tinha sido aprovado nos exames.)

Quando sono arrivato, lo spettacolo **era** appena **finito**. (Quando chegamos, o espetáculo já tinha terminado.)

ℹ Além do mais-que-perfeito, em italiano existe ainda outro tempo que caracteriza o passado, mas seu uso é significativamente mais raro: o mais-que-perfeito histórico (il trapassato remoto). Ele é formado com o perfeito

histórico dos verbos auxiliares essere e avere e o particípio perfeito do verbo principal. É empregado somente em orações auxiliares introduzidas com quando (quando), dopo che (depois que/depois de), appena che, non appena (mal/tão logo). A ação na oração principal tem de ser narrada no perfeito histórico:
Quando **ebbe superato** gli esami, fece una grande festa. (Quando passasse em seus exames, ele faria uma grande festa.)
Dopo che **ebbi mangiato**, andai a dormire. (Depois que comesse, eu iria dormir.)

8.3 Futuro

Em italiano, ações futuras são indicadas pelo futuro simples (il futuro semplice) e com o futuro composto (il futuro composto, mas também il futuro anteriore).

8.3.1 Futuro simples

Formas

Para a formação do futuro simples, acrescentam-se as desinências ao infinitivo sem a vogal final -e, e as terminações são iguais para os três grupos verbais. Nos verbos em -are, o -a- da terminação do infinitivo é substituído por -e-. No entanto, verbos curtos, como stare (ficar), fare (fazer), dare (dar), mantêm a vogal temática (starò, farò, darò).

chiamare (chamar)	**vendere** (vender)	**partire** (partir)
chiam**erò**	vend**erò**	part**irò**
chiam**erai**	vend**erai**	part**irai**
chiam**erà**	vend**erà**	part**irà**
chiam**eremo**	vend**eremo**	part**iremo**
chiam**erete**	vend**erete**	part**irete**
chiam**eranno**	vend**eranno**	part**iranno**

Indicativo

❶ No singular, a sílaba tônica é sempre a última sílaba, e no plural é a penúltima sílaba.

◐ Também no futuro simples existem formas irregulares.
- Em alguns verbos, a vogal temática desaparece: andare (ir): andrò, sapere (saber): saprò, vivere (viver): vivrò, dovere (ter de): dovrò, potere (poder): potrò, vedere (ver): vedrò.
- No futuro simples, alguns outros verbos têm um -r duplo: venire (vir): verrò, volere (querer): vorrò, bere (beber): berrò, rimanere (manter): rimarrò.

A conjugação do verbo avere no futuro simples segue o modelo de potere. A conjugação do verbo essere é irregular:

avere (ter)		essere (ser)	
avrò	avremo	sarò	saremo
avrai	avrete	sarai	sarete
avrà	avranno	sarà	saranno

Uso
☼ O futuro simples expressa uma ação no futuro. Se o acontecimento for certo, com frequência ele é substituído pelo presente (▷ 8.1).
Domani **verrà/viene** mia madre. (Amanhã virá/vem minha mãe.)
Partiremo verso la fine di agosto. (Partiremos em fins de agosto.)

Contudo, o futuro simples também pode ser empregado para expressar uma suposição.
Avrà 26 anni. (Teria 26 anos.)
Saranno le dieci. (Devem ser 10 horas.)

> Indicativo

A2 ❶ Para expressar o futuro prestes a acontecer, frequentemente se usa a expressão **stare per** + infinitivo:
Sto per finire. (Estou acabando.)
Sandra sta per uscire. (Sandra está para sair.)

B1 8.3.2 **Futuro composto**

Formas

O futuro composto é formado com o verbo auxiliar no futuro simples e o particípio passado do verbo principal. Quando formado com **essere**, o particípio do verbo principal deve concordar com o sujeito.

chiamare (chamar)	**partire** (partir)
avrò chiamato	sarò partito/-a
avrai chiamato	sarai partito/-a
avrà chiamato	sarà partito/-a
avremo chiamato	saremo partiti/-e
avrete chiamato	sarete partiti/-e
avranno chiamato	saranno partiti/-e

Uso

💡 O futuro composto é empregado para expressar uma ação futura que aconteceu antes de outra:
Appena sarò tornato, mi farò vivo. (Assim que eu chegar, entrarei em contato.)

O futuro composto pode ser usado (comparar com o futuro simples) numa suposição com relação ao passado:
Ci **sarà stato** qualcuno. (Alguém esteve lá.)
Marco **avrà bevuto** troppo. (Marco bebeu demais.)

Indicativo

8.4 Condicional

Em italiano, diferencia-se entre o condicional simples (il condizionale semplice) e o condicional composto (il condizionale composto).

8.4.1 Condicional simples

Formas

☼ O condicional simples é formado pela adição das desinências ao infinitivo do verbo sem a vogal final -e. Nos verbos terminados em -are, o -a- da terminação do infinitivo é substituído por -e-.

chiamare (chamar)	**vendere** (vender)	**partire** (partir)
chiam**erei**	vend**erei**	part**irei**
chiam**eresti**	vend**eresti**	part**iresti**
chiam**erebbe**	vend**erebbe**	part**irebbe**
chiam**eremmo**	vend**eremmo**	part**iremmo**
chiam**ereste**	vend**ereste**	part**ireste**
chiam**erebbero**	vend**erebbero**	part**irebbero**

❶ Na maioria das vezes, a sílaba tônica é a penúltima sílaba, mas na 1ª pessoa do singular é a última sílaba, e na 3ª pessoa do singular, a antepenúltima sílaba.

⚡ No entanto, verbos curtos mantêm a vogal temática original também no condicional simples:

stare (ficar)	→	starei
fare (fazer)	→	farei
dare (dar)	→	darei
dire (dizer)	→	direi

Indicativo

Os verbos que no futuro simples "perdem" a vogal antes da desinência também a "perdem" no condicional simples:

andare (andar) → andrei   sapere (saber) → saprei
vivere (viver) → vivrei   dovere (dever/ter de) → dovrei
potere (poder) → potrei   vedere (ver) → vedrei

Nos verbos a seguir, o r é duplicado também no condicional simples:

venire (vir) → verrei   volere (querer) → vorrei
bere (beber) → berrei   rimanere (permanecer) → rimarrei

A conjugação do verbo avere no condicional simples segue o mesmo modelo do verbo potere. O verbo essere é irregular e tem o mesmo radical que no futuro simples.

essere (ser)	
sarei	saremmo
saresti	sareste
sarebbe	sarebbero

avere (ter)	
avrei	avremmo
avresti	avreste
avrebbe	avrebbero

Uso
Emprega-se o condicional simples:
- para expressar, de maneira formal, um desejo ou um pedido:
  Vorrei un cappuccino. (Eu gostaria de um cappuccino.)
  Potrebbe portare un altro cappuccino? (Poderia me trazer outro cappuccino?)

- para expressar uma ação improvável no tempo presente:
  Verrei volentieri, ma … (Eu viria, mas...)
  So che **verrebbe** volentieri. (Eu sei que viria.)

Indicativo

- para expressar uma ação improvável na oração principal de uma condicional (▷ 8.4.3): **B2**
  Se avessi tempo, **verrei** volentieri. (Se tivesse tempo, eu iria.)

- para externar opinião de modo atenuado:
  Secondo me **potresti** almeno chiamarla. (Na minha opinião, você poderia ao menos chamá-la.)

- para uma reprodução cuidadosa de uma opinião ou relato de outrem (frequentemente na imprensa):
  Il presidente **sarebbe** malato. (O presidente estaria doente.)

8.4.2 Condicional composto **B1**

Formas

O condicional composto é composto com o verbo auxiliar conjugado no condicional simples mais o particípio passado do verbo principal. Se formado com essere, o particípio do verbo principal deve concordar com o sujeito.

chiamare (chamar)	partire (partir)
avrei chiamato	**sarei** partito/-a
avresti chiamato	**saresti** partito/-a
avrebbe chiamato	**sarebbe** partito/-a
avremmo chiamato	**saremmo** partiti/-e
avreste chiamato	**sareste** partiti/-e
avrebbero chiamato	**sarebbero** partiti/-e

Uso

☼ O condicional composto é empregado de modo semelhante ao condicional simples, diferindo o momento do tempo.

Indicativo

O condicional composto é empregado:

- Para expressar um desejo irreal (que não pode ser satisfeito) no passado:
  Sarei andata volentieri a casa. (Eu voltaria para casa de bom grado.)
  Sarei venuto volentieri, ma avevo molto da fare. (Gostaria muito de ir, mas tenho muito que fazer.)
  So che **sarebbe venuto** volentieri. (Eu sei que ele gostaria de vir.)

- para descrever uma ação irreal do passado na oração principal de condicional (▷ 8.4.3):
  Sarei venuto a trovarti, se non avessi dovuto lavorare tanto. (Eu o teria visitado se não tivesse que trabalhar tanto.)

- reproduzir a opinião ou o relato de outrem:
  Secondo alcuni giornali il presidente **sarebbe stato malato.** (Segundo alguns jornais, o presidente estaria doente.)

- **B2** expressar o futuro ou uma sucessão no tempo no passado (▷ 9.3 e ⑱):
  Sapevo che mi **avrebbe chiamato.** (Eu sabia que iria me chamar.)

8.4.3 Período hipotético

☀ O condicional é usado também em sentenças condicionais, caracterizando uma ação irreal, isto é, que não pode ser realizada. A sentença auxiliar com se não pode estar no condicional.

Indicativo

Oração com "se"	Oração principal
Subjuntivo imperfeito	Condicional simples
Se potessi,	**verrei.**
(Se pudesse,	eu viria.)
Subjuntivo mais-que-perfeito	Condicional composto
Se avessi potuto,	**sarei venuto/-a.**
(Se pudesse,	eu teria vindo.)

Se a sucessão caracterizada na oração principal se referir ao tempo presente, o condicional simples pode ser usado após uma oração se no subjuntivo mais-que-perfeito:
Se non l'avesse dimenticato, ora non **sarebbe** nei guai. (Se não tivesse esquecido, agora não estaria em apuros.)

➡ Na linguagem coloquial, o subjuntivo mais-que-perfeito e o condicional composto também podem ser substituídos pelo imperfeito:
Se potevo, venivo. (Se pudesse, eu viria.)

⚡ Depois de se, quando o condicional não é usado:
Hanno chiesto se sarebbe venuto. (Perguntaram se ele viria.)

No lugar de uma oração iniciada com "se", pode-se usar o gerúndio, o particípio ou o infinitivo.
Arrivato lui, **potremmo** cominciare. (Quando ele chegar, podemos começar.)

ℹ As orações condicionais com ações passíveis de serem executadas não vão para o condicional:
Se posso, vengo/verrò. (Se puder, eu vou/irei.)

Olhando de perto
Indicativo
Presente
Para a formação do presente, ao radical do verbo são acrescentadas as desinências. Em algumas de verbos terminados em -ire no infinitivo, acrescenta-se -isc entre o radical e a desinência. As terminações são: -o,-i,-a/-e,-iamo,-ate/-ete/-ite, -ano/-ono.

Na linguagem formal, emprega-se a 3ª pessoa.

Nos verbos terminados em -care e -gare no infinitivo, adapta-se o modo de escrita da língua falada: assim, na 2ª pessoa do singular e na 1ª pessoa do plural, acrescenta-se um h após o c ou g: tu cerchi, noi cerchiamo.

❶ Não é o que acontece com os verbos terminados em -ere: nesse caso, a pronúncia se orienta pela ortografia!

Passado: o imperfeito
Omite-se a terminação -re do infinitivo e se acrescentam as seguintes desinências, que são iguais para todas as conjugações: -vo, -vi, -va, -vamo, -vate, -vanno.

Em sua maioria, os verbos são regulares. Exceções: essere → ero, dire → dicevo, fare → facevo, bere → bevevo, tradurre → traducevo, proporre → proponevo, produrre → producevo.

Com o imperfeito, descrevem-se:
- estados e pessoas: C'era molta gente. (Havia muitas pessoas.)
- hábitos, ações: Giocavo spesso a calcio. (Eu jogava muito futebol.)
- ações que se passam ao mesmo tempo: Mangiavo e leggevo un libro. (Comia e lia um livro.)

O passado próximo
É constituído com o essere ou avere no presente mais o

> Olhando de perto

particípio do verbo principal. Com o verbo auxiliar:
- avere, o particípio do verbo principal é invariável: Voi avete bevuto. (Vocês beberam.)
- essere, o verbo principal no particípio concorda com o sujeito: Voi siete andati/e. (Vocês foram embora.)

O particípio é formado da seguinte maneira: verbos terminados em -are → ato, -ere e -ire → ito. Verbos reflexivos têm sempre essere como verbo auxiliar.

❶ Há muitos verbos irregulares!

Com o passado próximo, descrevem-se:
- experiências únicas: Ci siamo sposati nel 1998. (Nós nos casamos em 1998.)
- ações recém-implementadas e duradouras: Mentre mangiavo, è arrivato il nonno. (Enquanto eu comia, vovô chegou.)

Futuro

As desinências do futuro são as mesmas para os verbos terminados em -are e -ere: -erò, -erai, -erà, -eremo, -erete, -eranno. Para os verbos terminados em: -ire, mantém-se o -i do infinitivo: irò.

❶ Atenção: há muitas irregularidades e exceções!

Com o futuro se descreve:
- uma ação ou acontecimento futuro: Domani verrà mia sorella. (Amanhã chegará minha irmã.)
- uma suposição: Sara avrà 30 anni. (Sara fará 30 anos.)

Condicional

As desinências são: -erei, -eresti, -erebbe, -eremmo, -ereste, -erebbero. Nos verbos terminados em -ire, a terminação se inicia com -i: -irei, -iresti.

O condicional é empregado:
- Para expressar um desejo ou pedido: **Vorrei** un tè. (Gostaria de um chá.)
- Para expressar uma ação irreal: **Verrei**, ma non posso. (Viria, mas não posso.)

Il congiuntivo

9 Subjuntivo

ℹ️ O subjuntivo é o modo da dúvida, da possibilidade, do desejo, da subjetividade e da incerteza. Possui quatro formas: presente, imperfeito, perfeito e mais-que-perfeito.

9.1 Subjuntivo presente

Formas

As formas singulares do subjuntivo presente são todas iguais em cada conjugação. Por isso, tendo em vista a clareza no singular, são empregados os pronomes pessoais retos, sem qualquer ênfase em especial. Os verbos terminados em -ere e -ire apresentam terminações idênticas. As terminações da 1ª e da 2ª pessoa do plural são iguais em todas as conjugações.

chiamare (chamar)	prendere (tomar)	dormire (dormir)	capire (entender)
chiami	prenda	dorma	capisca
chiami	prenda	dorma	capisca
chiami	prenda	dorma	capisca
chiamiamo	prendiamo	dormiamo	capiamo
chiamiate	prendiate	dormiate	capiate
chiamino	prendano	dormano	capiscano

ℹ️ Todos os verbos que apresentarem peculiaridades no indicativo presente também as terão no subjuntivo: verbos terminados em -ire com acréscimo de -isc--, verbos em -care, -gare etc. (▶ 7.1).

💡 Os verbos irregulares compõem o subjuntivo presente com o mesmo radical que no indicativo, por exemplo dire (dizer): (io) dic-o → (io) dic-a.

Subjuntivo

◗ O subjuntivo presente dos verbos avere e essere é irregular:

essere (ser)	
sia	siamo
sia	siate
sia	siano

avere (ter)	
abbia	abbiamo
abbia	abbiate
abbia	abbiano

Outras formas irregulares importantes:
dare (dar): (io) dia, stare ficar/permanecer: (io) stia, dovere dever/ter de: (io) debba/deva, (loro) debbano/devano

(Sobre o uso do subjuntivo presente: ▷ 9.2 .)

9.2 Subjuntivo passado

B2

Formas

No subjuntivo imperfeito, todas as três conjugações têm as mesmas desinências. Diferenciam-se apenas quanto à vogal temática.

chiamare (chamar)	prendere (tomar, pegar)	dormire (dormir)
chiamassi	prendessi	dormissi
chiamassi	prendessi	dormissi
chiamasse	prendesse	dormisse
chiamassimo	prendessimo	dormissimo
chiamaste	prendeste	dormiste
chiamassero	prendessero	dormissero

◗ O verbo essere é irregular neste tempo. Nos verbos stare e dare , em todas as pessoas, a vogal temática -a- é substituída por -e-.

Subjuntivo

essere (ser)		**stare** (ficar/permanecer)		**dare** (dar)	
fossi	fossimo	stessi	stessimo	dessi	dessimo
fossi	foste	stessi	steste	dessi	deste
fosse	fossero	stesse	stessero	desse	dessero

❶ O verbo avere é regular. O subjuntivo imperfeito de fare (fazer), assim como o indicativo imperfeito, é conjugado com o radical original do verbo fac- (facessi).

Tanto o subjuntivo perfeito quanto o subjuntivo mais-que-perfeito são formados com o verbo auxiliar essere ou avere no subjuntivo presente e o particípio perfeito do verbo principal. O particípio do verbo principal de verbos conjugados com o verbo auxiliar essere concorda em número e gênero com o sujeito.

- B1 Subjuntivo perfeito:
  Subjuntivo presente de essere/avere + particípio perfeito → sia andato/-a, abbiate venduto, abbiano dormito

- Subjuntivo mais-que-perfeito:
  Subjuntivo imperfeito de essere/avere + particípio perfeito → fossi andato/-a, aveste venduto, abbiano dormito

Uso

De modo relativamente raro emprega-se o subjuntivo na oração principal:

- em avisos ou desejos (▶ ⑩):
  Venga pure! (Vá com calma!)
  Fosse vero! (Se fosse verdade!)
- em perguntas que expressam dúvida (subjuntivo presente ou perfeito):
  Perché non mi ha chiamato? Che **sia** (stato) malato? (Por que ele não me chamou? Estaria doente?)

Subjuntivo

- em exclamações que contenham desejos não passíveis de serem realizados (subjuntivo imperfeito ou mais-que-perfeito):
  Non ti **avessi** mai **conosciuto**! (Se eu nunca o tivesse conhecido!)
  Sapessi almeno la verità! (Se eu ao menos soubesse a verdade!)

De uso muito mais amplo é o subjuntivo nas orações auxiliares. O tempo do verbo varia de acordo com o tempo do verbo da oração principal (▷ 9.3). O subjuntivo é usado:

- depois de verbos que expressem crença ou opinião, por exemplo, pensare (pensar), credere (crer), ritenere (reter), sembrare (parecer), parere (parecer), supporre (supor): **B1**
  Penso che **sia stato** possibile. (Penso que seria possível.)
  Mi sembra che **piova**. (Parece que está chovendo.)

- após verbos que expressem sentimento e esperança, por exemplo, temere (temer), essere contenti (estar contente), avere paura (ter medo), essere felici (estar feliz), sperare (esperar), rallegrarsi (alegrar-se), essere sorpresi (estar surpreso):
  Sono contento che tua madre **stia** meglio. (Estou contente que sua mãe esteja melhor.)

- após verbos de dúvida e incerteza, por exemplo, non essere sicuri/certi (não estar certo/não saber ao certo), dubitare (duvidar), non sapere (não saber). **B1**
  Dubito che lui **capisca**. (Duvido que ele entenda.)

- após verbos que indiquem desejo, por exemplo: volere (querer), esigere (exigir), desiderare (desejar), preferire (preferir). **B1**
  Voglio che tu mi **dica** tutto. (Quero que você me conte tudo.)

Subjuntivo

B1
- após expressões pessoais que especifiquem uma necessidade, possibilidade, impossibilidade ou probabilidade, como occorre/bisogna/è necessario (é necessário), è (im)possibile (é [im]possível), è (im)probabile (é [im]provável).
È possibile che **vengano** a trovarci. (É possível que venham nos encontrar.)

- obrigatoriamente após determinadas conjunções (▶ 15.2):
Benché io **fossi** stanca, mi sono alzata. (Ainda que estivesse cansada, eu me levantei.)

B1
- em sentenças relativas, que expressem um desejo ou uma exigência.
Cerco una ragazza alla pari che **sappia** l'italiano. (Procuro uma *baby-sitter* que saiba italiano.)

- em sentenças condicionais que expressem uma ação irreal no tempo presente (subjuntivo imperfeito) ou passado (subjuntivo mais-que-perfeito). Na oração principal tem-se o condicional (▶ 8.4):
Se lo **sapessi,** mi sentirei meglio. (Se o soubesse, eu me sentiria melhor.)
Se l'**avessi saputo,** non sarei venuto. (Se o soubesse, não teria vindo.)

- em sentenças em que há comparação com a expressão di quanto, como:
La situazione era meno grave di quanto **pensassi.**
(A situação não era tão grave quanto eu pensava.)

- após alguns pronomes e adjetivos indefinidos empregados como conjunções, por exemplo, chiunque (qualquer um), qualunque/qualsiasi (adjetivo) (qualquer um), comunque (como quer que), ovunque (para onde quer que).
Mi segue ovunque (io) **vada.** (Ele me segue onde quer que eu vá.)

Subjuntivo

☼ Se orações principais e auxiliares tiverem o mesmo sujeito, substitui-se a oração subordinada conjuntiva (na maioria das vezes pela introdução de che) com di + infinitivo (▷ ⑪):

Se a oração subordinada estiver no subjuntivo, deve-se atentar para as seguintes sucessões temporais:

Oração principal	Oração subordinada
Presente Credo (Eu creio)	• Precedência temporal (mais cedo, ontem etc.): subjuntivo perfeito che sia tornato ieri. *(que voltou ontem.)* • Simultaneidade (agora, hoje etc.): subjuntivo presente che torni oggi. *(que volte hoje.)* • Posteridade temporal (mais tarde, amanhã etc.): subjuntivo presente, futuro simples che torni/tornerà domani. *(que ele volte/voltará amanhã.)*
Imperfeito/passado próximo/passado remoto Credevo/ho creduto/credetti (Eu creio/eu acreditava/estava acreditando)	• Precedência: subjuntivo mais-que-perfeito che fosse tornato il giorno prima. *(que tivesse voltado no dia anterior.)* • Simultaneidade: subjuntivo imperfeito che tornasse. *(que voltasse.)* • Posteridade: condicional composto (subjuntivo imperativo) che sarebbe tornato (tornasse) il giorno dopo. *(que ele voltaria no dia seguinte.)*

❶ Se a oração principal estiver no condicional simples, o verbo na oração subordinada expressará simultaneidade e posteridade, na maioria das vezes, com o subjuntivo imperfeito, e precedência com o subjuntivo mais-que--perfeito:
Vorrei che tu **fossi (stato)** qui. (Eu gostaria que você estivesse aqui.)

Olhando de perto 🔍

Subjuntivo
O modo subjuntivo abarca quatro tempos: presente, imperfeito, perfeito e mais-que-perfeito.

Subjuntivo presente
Como em todos os tempos, há desinências específicas, que são acrescentadas ao radical do verbo. Para os verbos em -are, a desinência das três primeiras pessoas do singular é -i, e as das pessoas do plural são -iamo, -iate, -ino. As desinências dos verbos das conjugações -ere e -ire no plural são as mesmas -iamo, -iate, -ano, e as das três pessoas do singular são -a.

Uma vez que as três pessoas do singular são iguais, recomenda-se o emprego do pronome pessoal reto.

❶ Todos os verbos que apresentam peculiaridades no presente do indicativo apresentam as mesmas peculiaridades no subjuntivo.

Subjuntivo passado
Existem três tipos:
- Subjuntivo imperfeito: todas as três conjugações têm as mesmas terminações. O -re do infinitivo é elidido e acrescentam-se as desinências -ssi, -ssi, -sse, -ssimo, -ste, -ssero.
  ❶ Nos verbos dare e stare, a vogal temática -a é substituída por -e. Avere (ter) é regular; para a flexão de fare (fazer), usa-se o radical etimológico do verbo, fac- (facessi).
- Subjuntivo perfeito: é formado com o subjuntivo presente dos verbos auxiliares essere ou avere e o particípio

> Olhando de perto

do verbo principal: Credo che **sia andato** a casa. (Creio que ele foi para casa.)
- O subjuntivo mais-que-perfeito: é formado como o subjuntivo perfeito, mas o verbo auxiliar fica no subjuntivo imperfeito: Credevo che **fosse malato**. (Eu pensava que estivesse doente.)

Nos verbos em que o perfeito e o mais-que-perfeito são formados com o verbo auxiliar essere, o particípio do verbo principal deve concordar com o sujeito da oração.

Uso

O subjuntivo é usado:
- após verbos de crença, como pensare, credere, sembrare: Penso che **sia** malato. (Acho que está doente.)
- após verbos que expressam sentimentos, como essere contenti, avere paura: Sono felice che tu **sia** guarita. (Fico feliz que você esteja curada.)
- após verbos de dúvida, como non essere sicuri, dubitare: Dubito, che Sandra **arrivi** puntuale. (Duvido que Sandra chegue no horário.)
- após verbos volitivos, como volere, desiderare: Voglio che tu **venga** a casa! (Quero que você venha para casa!)
- após verbos impessoais: basta, è sufficiente, è possibile: Basta che **arrivino** per cena. (Basta que cheguemos a tempo para o jantar.)
- após determinadas conjunções: benché, nonostante, sebbene, affinché: Parlerò più lentamente, affinché mi **capiate**. (Falarei mais lentamente para que me compreenda.)

Em sentenças condicionais, a oração principal é usada no condicional, e a oração subordinada, no subjuntivo: Se **venisse**, **sarei** felice. (Se você viesse, eu ficaria feliz.)

10 Imperativo

Formas

O imperativo (para dar ordens), na 2ª pessoa do singular e na 2ª pessoa do plural, corresponde ao presente do indicativo dessas pessoas – exceção feita aos verbos terminados em -are na 2ª pessoa do singular. Na forma culta, bem como nos avisos feitos na 1ª pessoa do plural, emprega-se o subjuntivo presente. Todos os verbos que apresentem peculiaridades no presente do indicativo também as apresentam no imperativo.

	chiamare (chamar)	**prendere** (tomar/pegar)	**dormire** (dormir)	**capire** (entender)
tu	chiama	prendi	dormi	capisci
Lei	chiami	prenda	dorma	capisca
noi	chiamiamo	prendiamo	dormiamo	capiamo
voi	chiamate	prendete	dormite	capite

Vieni qua! (Venha aqui!) Entri pure! (Seja bem-vindo!)
Andiamo! (Vamos!) Dormite bene! (Durma bem!)

Na 2ª pessoa do singular, alguns verbos apresentam, além de uma forma regular, uma forma imperativa abreviada ou irregular:

avere (ter) → **abbi**	essere (ser) → **sii**
dire (dizer) → **di'**	fare (fazer) → **fai/fa'**
andare (andar) → vai/**va'**	dare (dar) → dai/**da'**
stare (estar, estar de pé) → stai/**sta'**	sapere (saber) → **sappi**

☼ A negação do imperativo da 2ª pessoa do singular é expressa com non + presente do infinitivo. Em todas as outras pessoas, a forma normal do imperativo é negada com non: Non piangere! (Não chore!) Non parlate! (Não fale!)

(Para pronomes pessoais átonos no imperativo: ▷ 6.1 .)

L'infinito

11 Infinitivo

A1

Formas

No infinitivo presente, tem-se as terminações regulares -are/-ere/-ire: andare (andar), prendere (tomar), dormire (dormir).

⚡ Pela contração da terminação latina original, alguns verbos apresentam uma forma infinitiva irregular, por exemplo, proporre (propor), tradurre (traduzir).

Nos verbos reflexivos, o pronome reflexivo justapõe-se ao infinitivo sem a vogal final -e: lavarsi (lavar-se).

A vogal final pode desaparecer também em determinadas terminações, por exemplo, quando ao infinitivo seguir-se um objeto: **A2** aver voglia (ter vontade).

O infinitivo passado é formado com os verbos auxiliares essere ou avere e o particípio passado do verbo principal: avere chiamato (ter chamado), essere rimasto/-a/-i/-e (ter permanecido). **B2**
Pode também ocorrer sem a vogal final -e do infinitivo do verbo auxiliar: aver fatto (ter feito).

(➕ Sobre a posição dos pronomes pessoais: ▷ 6.1 .)

Uso

O infinitivo é empregado sem preposição ou com determinadas preposições.

O infinitivo presente puro é empregado: **B1**
- como sujeito ou objeto: **Dire** è più facile che **fare.** (Falar é mais fácil do que fazer.)
- em instruções gerais (por exemplo, receitas) e com non como imperativo negativo (▷ 10):
  Tagliare i pomodori, … (cortar tomates...)
  Non glielo **dire!** (Não lhe diga!)

Infinitivo

- **A2** • nas exclamações com che como: Che bello **sentirti**! (Como é bom ouvir-lhe!)
- em sentenças abreviadas: Non so che **fare**. (Não sei o que fazer.)
- após verbos e expressões impessoais como basta (chega), mi piace (me agrada), è difficile (é difícil), è possibile (é possível), bisogna (é necessário/é preciso), **A2** è utile (é útil), conviene (é necessário) etc.
Bisogna **vedere** per credere. (É preciso ver para crer.)
È difficile **imparare** l'italiano? (É difícil aprender italiano?)
- após verbos modais e verbos que são empregados como modais, por exemplo, potere (poder), dovere (dever/ter de), volere (querer), sapere (saber), lasciare (deixar), fare (fazer):
Devo **andare** dal medico. (Tenho de ir ao médico.)
Sai **guidare**? (Você sabe dirigir?)
- após verbos de percepção, como sentire (ouvir), vedere (ver), ascoltare (ouvir/escutar), guardare (olhar):
Sento **bussare** qualcuno. (Tem alguém batendo à porta.)
- após desiderare (desejar) e **A2** preferire (preferir):
Preferirei **andare** in America. (Eu preferiria viajar aos Estados Unidos.)

Com a preposição di acrescenta-se o infinitivo:
- após uma série de verbos, por exemplo, cercare (buscar), chiedere (pedir/perguntar), dimenticare (esquecer), finire (terminar), **A2** promettere (prometer), **A2** ricordarsi (recordar-se), **A2** decidere (decidir), **A2** smettere (cessar), **A2** sperare (esperar), **B1** pregare (pedir) etc.
Speravo **di trovarti**. (Eu esperava encontrá-lo.)
Hai smesso **di fumare**? (Você parou de fumar?)

Infinitivo

- após expressões idiomáticas com avere + substantivo, por exemplo, avere bisogno (precisar), A2 avere paura (ter medo), A2 avere tempo (ter tempo), A2 avere voglia (ter vontade) etc.
  Hai voglia **di fare** una passeggiata? (Você tem vontade de fazer um passeio?)
- após essere + adjetivo, por exemplo, essere certo/sicuro (ter certeza), essere contento (estar contente), essere felice (estar feliz), B1 essere capace (ser capaz de):
  Sono contenta **di vederti.** (Fico feliz em vê-lo.)
- como substituto para uma oração auxiliar com che + subjuntivo (▷ 9.2):
  Credo **di farcela.** (Acho que a farei.)

Na maioria dos casos, usa-se o infinitivo com a preposição a para expressar finalidade. Ele aparece:
- após verbos de movimento como andare (ir), venire (vir) etc.:
  Vado **a fare** la spesa. (Vou fazer compras.)
- após determinados verbos, por exemplo, aiutare (ajudar), imparare (aprender), rimanere (permanecer), A2 cominciare (começar), B1 abituarsi (habituar-se), B1 riuscire (conseguir).
  Comincio **a lavorare** alle 8. (Começo a trabalhar às oito).
- após alguns adjetivos com essere, como A2 essere pronto (estar pronto), B1 essere adatto (ser apropriado), B2 essere disposto (estar disposto):
  Alessandro è disposto **a farlo.** (Alessandro está disposto a fazê-lo.)

Infinitivo

B1 • como construção substitutiva para uma oração auxiliar com se ou como oração relativa, quando os sujeitos forem os mesmos:
A pensarci bene (= Se ci penso bene) non ho voglia di andare al cinema. (Pensando bem, não estou com vontade de ir ao cinema.)
È l'unico **a saperlo.** (É o único a sabê-lo.)

A2 Na maioria das vezes, o infinitivo é acrescentado com a preposição da, expressando a finalidade ou a consequência. É inserido:
- após determinados substantivos: **A1** la macchina **da scrivere** (a máquina de escrever).
- Após os pronomes qualcosa (algo), niente (nada), molto (muito), poco (pouco), tanto (tanto), che cosa (o que):
Vorrei qualcosa **da mangiare.** (Eu gostaria de comer alguma coisa.)

B1 • Após avere no sentido de "dever":
Ho **da fare.** (Tenho coisas a fazer.)
• Como substituto para um corolário após così/tanto (tanto/muito):
Era così stanco **da addormentarsi** subito. (Estava tão cansado que logo pegou no sono.)

B2 Normalmente, o infinitivo passado é empregado para substituir uma oração auxiliar com o mesmo sujeito da oração principal cuja ação tenha acontecido antes da ação da oração principal. É inserido tal qual o infinitivo presente.
Non penso di **avere** già **incontrato** Matteo. (Não creio já ter encontrado Matteo.)
Nessuno sembrava **averlo capito.** (Ninguém parecia tê-lo entendido.)

Un colpo d'occhio

Olhando de perto 🔍

Imperativo

Usa-se o imperativo para solicitar a uma ou mais pessoas que se faça algo determinado. Mesmo desejos e favores podem ser expressos com o imperativo.
Tem-se:
- o imperativo informal na 2ª pessoa do singular: nos verbos terminados em -are usa-se a terminação -a: Mangia! (Come!) Nos verbos terminados em -ere ou -ire, usa-se a terminação -i: Apri la porta! (Abra a porta!)
- o imperativo formal na 3ª pessoa do singular: as terminações se invertem: verbos terminados em -are, terminação -i: Mangi! (Coma!) Verbos terminados em -ere ou -ire: terminação -a: Apra la porta! (Abre a porta!)
- o imperativo na 1ª pessoa do plural, que tem a mesma forma da 1ª pessoa do plural no indicativo presente. Pode ser empregado como imperativo coletivo: Finiamo prima questo lavoro! (Primeiro terminemos este trabalho!)
- o imperativo na 2ª pessoa do plural: tem a mesma forma da 2ª pessoa do plural no indicativo presente. Com frequência, saudações formais também são expressas com essa forma. Finite! (Terminem!)

ⓘ O imperativo na 3ª pessoa do plural raramente é usado, pois corresponde a uma expressão muito formal.
ⓘ Existem muitas formas irregulares!

Recomenda-se cautela com a forma negativa. A 2ª pessoa do singular é constituída com non + infinitivo: Non mangiare tanto! (Não coma tanto!) Todas as outras formas: non imperativo: Non mangi tanto! (Não coma tanto!)

105

Só se usam pronomes antepostos ao imperativo em frases formais. Nas demais formas, são justapostos ao final do imperativo: La mangi! Mas: mangiala! No imperativo negativo, na 2ª pessoa do singular, pode-se colocar o pronome de ambas as formas. No segundo caso, desaparece o -e do infinitivo: Non la mangiare! Ou: Non mangiarla!

Infinitivo

No infinitivo presente há três terminações: -are, -ere, -ire. No infinitivo passado temos o infinitivo do verbo auxiliar essere ou avere e o particípio presente do verbo principal: essere arrivato/-a/-i/-e.

⚡ Nos verbos reflexivos, a vogal final -e desaparece: vestirsi.

O infinitivo é usado com ou sem preposição.

Sem preposição:
- como sujeito ou objeto: Fare sport è sano. (Praticar esportes é saudável.)
- em exclamações com che: Che bello vederti! (Que bom ver você!)
- após verbos impessoais: basta, mi piace, bisogna: Mi piace cantare. (Gosto de cantar.)

Com preposição:
- Após muitos verbos que regem a preposição di cercare (buscar), chiedere (perguntar), sperare (esperar): Ho cercato di chiamarti. (Tentei chamar-lhe.)
- Após muitos verbos que demandam a preposição a: cominciare (começar/iniciar), andare (ir), imparare (aprender): Comincio a stare meglio. (Começo a me sentir melhor.)
- Após a preposição da: Ho da fare! (Tenho o que fazer!)

Il participio

12 Particípio A2

12.1 Particípio passado A2

Formas

☼ O particípio passado é formado pela substituição da terminação do infinitivo pelo sufixo -ato, -uto ou -ito, de acordo com a conjugação do verbo.

-are	→ -ato	chiamare	→	chiamato (chamado)
-ere	→ -uto	vendere	→	venduto (vendido)
-ire	→ -ito	partire	→	partito (partido)

◐ O verbo essere tem o mesmo particípio passado do verbo stare (estar): stato. O particípio passado do verbo avere é regular: avuto.

❶ O particípio passado de numerosos verbos (sobretudo terminados em -ere) é irregular. As terminações mais frequentes são -so, -to e -sto:

prendere → preso (preso), chiedere → chiesto (questionado), aprire → aperto (aberto)

Uso

O uso mais importante e frequente do particípio passado é na formação dos tempos compostos nas vozes ativa e passiva (▸ 14):
Ho scritto una lettera. (Escrevi uma carta.)
Sono andata a Monaco. (Fui a Mônaco.)

O particípio passado pode ser empregado também como adjetivo: l'anno scorso (ano passado).

Na língua escrita, o particípio pode substituir:

- uma oração relativa:
  La lettera **ricevuta** (= che ho ricevuto) ieri, mi ha fatto piacere. (A carta recebida ontem me agradou.)
- uma oração auxiliar introduzida com appena (tão logo), dopo che (depois que) quando (quando). O particípio de um verbo transitivo concorda com o substantivo que qualifica.
  Ricevut**a** l**a** letter**a**, mi ha chiamato subito. (Ao receber a carta, chamou-me.)
  Tornat**i** a casa, **abbiamo** mangiato. (Chegando em casa, comemos.)

12.2 Particípio presente

Formas

O particípio presente é formado pela substituição da terminação do infinitivo pela terminação -ante ou -ente:

-are	→	-ante	ballare	→	ball**ante** (dançante)
-ere	→	-ente	ridere	→	rid**ente** (sorridente)
-ire	→	-ente	seguire	→	segu**ente** (seguinte)

Uso

O particípio presente é empregado de forma relativamente rara. Na maioria das vezes:
- em função de um adjetivo ou substantivo, por exemplo, corrente (corrente), la corrente (a corrente), pesante (pesado), l'insegnante (o professor).

- como substituto de uma oração relativa:
  Le domande **riguardanti** (= che riguardano) questo problema ... (As perguntas referentes a esse problema...)

Il gerundio

13 Gerúndio B2

Formas

O gerúndio tem duas formas: o gerúndio presente e o gerúndio passado. Ambos são invariáveis.

💡 O gerúndio presente é formado pela substituição da terminação do infinitivo pela terminação **-ando** ou **-endo**:

-are	→	-ando	guardare (ver)	→	guard**ando**
-ere	→	-endo	leggere (ler)	→	legg**endo**
-ire	→	-endo	sentire (ouvir)	→	sent**endo**

O gerúndio passado é formado pelo gerúndio presente do verbo auxiliar avere ou essere e o particípio passado do verbo principal. No gerúndio composto com essendo, o particípio do verbo principal deve concordar com o sujeito:

avendo letto   essendo rimast**o/-a/-i/-e**

O gerúndio dos verbos fare (fazer), dire (dizer) e bere (beber) é irregular:

fare → facendo   dire → dicendo   bere → bevendo

Sobre o posicionamento dos pronomes pessoais átonos: (▷ 6.1 .)

Uso

O gerúndio presente caracteriza uma ação que se dá ao mesmo tempo que a ação principal. Se ambos os verbos tiverem o mesmo sujeito, o gerúndio pode substituir uma oração auxiliar que:

- caracterize a relação temporal:
  Apprendendo quella notizia, sono rimasta molto sorpresa. (Ao receber essa notícia, fiquei muito surpresa.)

Gerúndio

- indique o motivo (causal):
  Lavorando molto, Mario ha poco tempo libero. (Trabalhando muito, Mario tem pouco tempo livre.)

- descreva tipo e modo (modal):
  Paola si rilassa **ascoltando** musica. (Paola relaxa ouvindo música.)

- Indica uma condição (condicional):
  Lavorando meno, non saresti sempre così stanco. (Trabalhando menos, não estaria sempre tão cansado.)

- Em ligação com pure (ainda que/mesmo), caracteriza uma limitação (concessivo):
  Pur **essendo** malato, va a lavorare. (Mesmo estando doente, vai trabalhar.)

A2 ❶ Uma ação que acontece no momento da fala é descrita com stare + gerúndio:
Che **stai facendo**? (O que você está fazendo?)

O gerúndio passado expressa uma ação. Tal como o gerúndio, ele introduz a atualidade de uma oração auxiliar (na maioria das vezes causal ou temporal):
Essendo arrivata in ritardo, non ha visto l'inizio del film. (Tendo chegado atrasada, não viu o início do filme.)

Il passivo

14 Voz passiva B2

Formas e uso

A voz passiva é formada do seguinte modo:

essere/venire + particípio passado.

Nos tempos compostos, usa-se sempre essere.
Enquanto venire representa a ação em primeiro plano, essere pode ser empregado para expressar um estado:
Il viaggio **viene/è organizzato.** (A viagem está sendo/é organizada.)

O particípio concorda em número e gênero com o sujeito:
La finestra **viene** aperta. (A janela está aberta.)
Gli spettacoli **vengono** rimandati. (Os espetáculos foram transferidos.)

Tal como em português, apenas verbos transitivos podem formar a voz passiva. O objeto direto na oração ativa torna-se sujeito da passiva. O que realiza a ação ou é a causa da ação – o agente da passiva (o sujeito da oração ativa) – é indicado com a preposição da:
Maria viene/è invitata **dalla** vicina. (Maria foi convidada pela vizinha.)
Na voz passiva ocorrem todos os tempos e modos:
La lettera **è/viene scritta.** (A carta é escrita.)
La lettera **è stata scritta/veniva scritta.** (A carta foi escrita.)
La lettera **sarà scritta.** (A carta será escrita.)
Penso che la lettera **sia stata scritta** dalla segretaria.
(Acho que a carta foi escrita pela secretária.)

Voz passiva

No caso dos verbos modais potere (poder) e dovere (dever, ter de), emprega-se a forma ativa do verbo modal + infinitivo passado:
La lettera **deve essere scritta** subito. (A carta deve ser escrita logo.)

❶ Na voz passiva, além de dovere, também andare + particípio perfeito, bem como essere + da + infinitivo presente, tem o sentido de "dever/ter de":
La lettera **va scritta/è da scrivere** subito. (A carta deve ser escrita logo.)

Há também a voz passiva sintética, com o emprego da partícula si. O objeto direto original da sentença ativa torna-se sujeito da sentença, isto é, o verbo concorda com ele.

Si comprano delle arance. (Compram-se laranjas.)
Si sono fatti molti errori. (Cometeram-se muitos erros.)

Un colpo d'occhio

Olhando de perto

Particípio passado

O particípio passado dos verbos regulares terminados em -are é formado com a substituição da terminação do infinitivo por -ato; dos verbos terminados em -ere, por -uto; e dos verbos em -ire, por -ito.

⚡ O particípio passado de muitos verbos é irregular.

- Em italiano, o particípio passado é usado, na maioria dos casos, para a formação de tempos compostos: Siamo **andati** al cinema. (Fomos ao cinema.)
- Também podem ser empregados como adjetivo ou para substituir uma oração auxiliar: Gli anni **passati** sono stati bellissimi. (Os últimos anos foram maravilhosos.)
- Ou para substituir uma oração subordinada: Preparata (= appena ho finito di preparare) la cena, sono uscita. (Terminado o jantar, saí de casa.)

❶ Em verbos intransitivos, o particípio concorda em gênero e número com o sujeito, e em verbos transitivos, com o objeto.

Particípio presente

O particípio presente é formado pela substituição das terminações do infinitivo -are por -ante, -ere e -ire por -ente.

❶ O particípio presente pouco é usado na função verbal, na maioria das vezes é usado como adjetivo ou substantivo: Che valigie **pesanti**! (Que malas pesadas!)

Gerúndio

O gerúndio tem duas formas:
- O gerúndio presente é formado com a substituição das terminações do infinitivo -are por -ando, -ere e -ire por -endo.
  - Caracteriza uma ação que ao mesmo tempo se dá como ação principal. Se ambos os verbos tiverem o mesmo sujeito, o gerúndio pode substituir uma oração auxiliar: Essendo malata, non può venire. (Estando doente, não pode vir.)
  - Em combinação com stare, expressa uma ação: Sto leggendo! (Estou lendo.)

  ⚡ Para a formação do gerúndio de alguns verbos, usa-se o radical etimológico latino: Fare → facendo, bere → bevendo, dire → dicendo

- O gerúndio composto é formado com gerúndio do verbo auxiliar avere ou essere + particípio passado do verbo principal. Frequentemente é empregado como complemento da causa: Avendo già visto il film, non vado al cinema stasera. (Tendo já assistido ao filme, hoje à noite não vou ao cinema.)

Voz passiva

Toda oração formada por verbos transitivos pode ser expressa tanto na voz ativa quanto na voz passiva, que é formada da seguinte maneira:
venire ou essere + particípio: essere indica um estado; venire, um processo.
O objeto direto da voz ativa torna-se o sujeito da passiva, e o agente da passiva, isto é, o sujeito da voz ativa, é indicado com a preposição da.
Voz ativa: Maria **prepara** la torta. (Maria prepara a torta.) → Voz passiva: La torta è **preparata** da Maria.

La congiunzione

15 Conjunção A2

15.1 Conjunção coordenada A2

❶ As conjunções a seguir ligam sentenças ou partes de sentenças iguais:

A1 e(d) (e)	però (no entanto)
o/ **B1** oppure ou	o ... o (ou ... ou)
quindi/allora (então, consequentemente)	dunque/così (consequentemente, e assim)
A1 ma (mas)	**B1** né ... né (nem ... nem)
B1 perciò (por isso)	**B2** tuttavia no entanto
B1 invece (ao contrário, entretanto)	**B2** anzi (ao contrário, até mesmo
B1 sia ... sia/che (tanto... quanto)	

A1 io **e** te/io **o** lei (eu e você/eu ou ela)
Sono stanca, **ma** esco lo stesso. (Estou cansada, mas saio mesmo assim.)
B1 Piove, **perciò** non esco. (Chove, então não saio.)
B1 A me piace stare al mare, Paolo **invece** preferisce la montagna. (Gosto de estar junto ao mar, já Paolo prefere a montanha.)
B2 Non mi disturbi, **anzi**, mi fa piacere vederti. (Você não me incomoda, ao contrário, gosto de vê-lo.)

15.2 Conjunção subordinada B1

☼ As conjunções a seguir introduzem uma oração subordinada e produzem uma conexão lógica entre oração principal e a auxiliar.

Conjunção

Conjunções temporais (tempo)

- **A2** quando (como/se)
- **A2** da quando (desde que)
- dopo che (depois que)
- **A2** mentre (enquanto)
- **B2** prima che (+ conj.) (antes que)

- **B2** (non) appena (+ conj./ind.) (tão logo)

Conjunções causais (motivo)

- **A1** perché (porque)
- **B2** poiché (uma vez que, porque)
- **A2** siccome da, (porque)
- **B2** visto che/dato che (uma vez que, pois)

Conjunções finais (fins)

- **B2** affinché (+ conj.) (assim)
- **B2** perché (+ conj.) (assim)

Conjunções condicionais (condição)

- **A2** se (+ ind./conj.) (se, caso)
- **B2** a condizione che/purché (+ conj.) (sob a condição de que)
- **B2** qualora (+ conj.) (se, caso)
- **B2** nel caso che (+ conj.) (caso)

Conjunções concessivas (limitação)

- **A2** anche se mesmo se
- **B2** tranne che/a meno che (+ conj.) (que seja, a não ser que)
- **B2** benché/sebbene/ nonostante (+ conj.) (ainda que)

Conjunções consecutivas (consequências)

- **B2** così/tanto ... che (tanto/de tal modo ... que...)
- **B2** cosicché (de modo que)

⚡ Após algumas conjunções, usa-se o subjuntivo.

Conjunção

Mentre mangiavo, è suonato il telefono. (Enquanto eu comia, tocou o telefone.)
Non ti ho chiamato, **perché** avevo la febbre. (Não liguei para você porque estava com febre.)
Ripeto, **perché** lo capiscano tutti. (Repito, para que todos compreendam tudo.)
B2 Ti aiuterò, **purché** tu mi dica la verità. (Vou lhe ajudar, sob a condição de que você me diga a verdade.)
A2 Esco, **anche se** piove. (Eu vou, ainda que chova.)
La nebbia era **così** fitta, **che** non si vedeva nulla.
(A neblina estava tão forte que não se via nada.)

⚡ Nas conjunções a seguir, deve-se atentar para ambas as particularidades: **B2**

- As sentenças introduzidas com siccome, dato che, visto che ou poiché sempre precedem a oração principal: **Siccome** avevo fame, ... (Uma vez que estava com fome...)
- Após se ou anche se usa-se o indicativo quando a ação for real:
  Se ho tempo, vengo volentieri. (Se eu tiver tempo, vou com prazer.)
- Depois de se ou anche se usa-se o subjuntivo quando são expressas ações irreais no tempo presente (subjuntivo imperfeito) e passado (subjuntivo mais-que-perfeito):
  Se io **avessi** tempo, verrei. (Se eu tivesse tempo, iria.)
  Se mi **avesse chiamato** prima, sarei venuta. (Se tivessem me chamado antes, eu teria vindo.)

L'ordine delle parole

16 Posição dos termos na oração

16.1 Oração declarativa

☼ O posicionamento regular dos termos na oração declarativa é sujeito-verbo-objeto. Em sentenças com dois objetos, o objeto direto aparece, normalmente, antes do objeto indireto.

Sujeito	Verbo	Objeto direto	Objeto indireto
Marco	chiama	Luisa.	
Luisa	scrive	una lettera	a Marco.

❶ Se o objeto for um pronome, normalmente ele é inserido antes do verbo conjugado; se a sentença contiver dois pronomes objeto, o indireto antepõe-se ao direto. (▷ **6.1**):
Marco la chiama. (Marco a chama.)
Te lo do. (Eu lhe dou.)

◗ Nas sentenças que acompanham o discurso direto, o sujeito vem depois do verbo:
«Torno subito», dice **Mario**. ("Volto logo", diz Mario.)

Partes da oração podem ser enfatizadas com a alteração da ordem dos termos:
- O sujeito é destacado mediante posposição:
  Fra un pò arriva **Mara**. (Daqui a pouco chega Mara.)
  Me l'hanno regalato **i nonni**. (Os avós que me deram.)

- O objeto é destacado por anteposição e retomado por um pronome.
  Francesco non **lo** inviterò. (Não convidarei Francesco.)
  Al cinema non **ci** vengo. (Ao cinema eu não vou.)

16.2 Oração interrogativa

A1

A ordem sujeito-verbo-objeto também se mantém na oração interrogativa com perché (por que/por quê) e nas sentenças interrogativas sem pronome interrogativo.

	Sujeito	Verbo	Objeto	
Perché	Marco	chiama	Luisa?	Por que Marco chama Luisa?
	Marco	chiama	Luisa?	Marco chama Luisa?

O sujeito da oração interrogativa pode vir após o verbo:
Dove va **Marietta**? (Para onde vai Marietta?)
A2 Che cosa ha detto l'**insegnante**? (O que disse o professor?)
Quanti anni ha **il tuo marito**? (Quantos anos tem o seu marido?)
A che ora comincia **il corso d'italiano**? (A que horas começa o curso de italiano?)

Un colpo d'occhio

Olhando de perto

Conjunção

Em italiano, diferencia-se entre:
- conjunções coordenadas, que ligam partes oração ou orações:
  - e (e): Io e Maria usciamo. (Eu e Maria saímos.)
  - anche (também): Vieni anche tu? (Você vem também?)
  - ma/però (mas): Vengo, ma non sto molto. (Eu vou, mas não vou ficar muito.)
  - sia ... sia che (tanto... quanto): Mi piace sia questo sia/che quello. (Agrada-me tanto este quanto aquele.)
  - né ... né (nem... nem): Non prendo né questo né quello. (Não levo nem esse, nem aquele.)
  - perciò (por isso): È malata, perciò non verrà. (Ela está doente, por isso não virá.)
- conjunções subordinadas, que introduzem orações auxiliares:
  - conjunções temporais (tempo): mentre (enquanto): Mentre mangiavo, leggevo. (Enquanto comia, eu lia.)
  - conjunções causais (motivo): perché/poiché/sicomme/dato che (porque): Non sono venuto, perché la macchina si è rotta. (Eu não fui, porque o carro quebrou.)
  - Conjunções condicionais (condição): se (caso): Se vuoi, vai pure. (Se quiser, vá.)
  - Conjunções concessivas (limitação): anche se (ainda que): Esco, anche se fa freddo. (Eu vou, ainda que faça frio.)

> Olhando de perto

Existem muitas outras conjunções: cioè (isto é), infatti (na verdade), dunque (então), tuttavia (contudo), anzi (até mesmo) etc.

❶ Orações com siccome vêm antes da oração principal!

Posição dos termos na oração

Em italiano, a posição dos termos é algo muito complexo, pois apresenta muitas particularidades. Nas orações declarativas, normalmente se tem a seguinte ordem: sujeito-verbo-objeto direto-objeto indireto.
O sujeito virá depois do verbo nos seguintes casos:
- Para ressaltar o sujeito: È arrivata Maria! (Maria chegou!)
- Após c'è e ci sono: A Roma ci sono molti **musei**. (Em Roma há muitos museus.)

O objeto vem antes do verbo se:
- ele for um pronome: Li ho già letti (questi libri). (Eu já o [= esse livro] li.)
- se quiser ressaltar o objeto: Il vino, lo porto io. (O vinho levo eu.)

Havendo convergência de pronome direto e indireto, o objeto direto é posicionado antes do objeto indireto.

Em orações interrogativas, a posição dos termos é a mesma da oração declarativa:
- No caso de sentenças interrogativas sem pronome interrogativo: Marco legge il libro? (Marco lê o livro?)
- No caso de orações interrogativas com perché: **Perché** Maria non viene? (Por que Maria não vem?)

Já nos casos de orações interrogativas com pronome interrogativo, o sujeito é inserido depois do verbo: Qual è la **sua** professione? (Qual a sua profissão?)

17 Negação

17.1 Negação simples

Em italiano, a negação é expressa na maioria das vezes com non (não), que é inserido antes do verbo ou do pronome oblíquo átono.
Marco **non** sta bene. (Marco não está bem.)
Non mi piace. (Não me agrada.)

Ao pronome indefinido "nenhum" do português equivale o non do italiano.
Non ho fame. (Não sinto fome.)
Nessun italiano viene qui. (Nenhum italiano [= sujeito] vem aqui.)

Como resposta negativa a uma pergunta, usa-se no.
Hai fame? – **No.** (Você está com fome? – Não.)
Perché **no**? (Por que não?)

17.2 Dupla negação

Alguns advérbios como os pronomes niente (nada) e nessuno (ninguém) ligam-se com non nos casos de dupla negação:

non … mai	não… nunca
non … più	não… mais
non … mai più	não… nunca mais
non … mica	não…
non … ancora	não… ainda
non … nessuno	não… nenhum

Negação

non ... ancora nessuno	não... ninguém ainda
non ... niente	não... nada
non ... mai niente	não... nunca
B1 non ... nemmeno	não... nem mesmo
non ... affatto	não... de modo algum
B1 non ... né ... né	não... nem ... nem

Non é usado sempre antes do verbo, e o segundo elemento de negação, normalmente, vem logo depois do verbo auxiliar:
Non ha **mai** fumato. (Ele/Ela nunca fumou.)
B1 **Non** ho **né** mangiato **né** bevuto. (Não comi nem bebi.)

◗ Nessuno e niente aparecem depois do verbo:
Non è venuto **nessuno**. (Não veio ninguém.)
Non ci capisco più **niente**. (Não entendo mais nada.)

❶ Para maior ênfase, mai, mica, nemmeno, nessuno, niente podem vir antes do verbo, e, nesse caso, non desaparece. **B1**
Nemmeno lei è venuta. (Nem mesmo ela veio.)

❶ Se mai for empregado sem non, ele pode ter um significado positivo:
Sei mai stato in Italia? (Você já esteve na Itália?)

Il discorso indiretto

B2

18 O discurso indireto

☼ Em italiano, o discurso indireto é introduzido por um verbo como dire (dizer), raccontare (contar), affermare (afirmar), pensare (pensar) etc. e a conjunção che (que). Normalmente, é usado no modo indicativo.

Discurso direto	Discurso indireto
«Paolo sta meglio.»	Dice che Paolo sta meglio.
(Paolo está melhor.)	(Ele/Ela diz que Paolo está melhor.)
«Abbiamo preso il treno.»	Ha raccontrato che avevano preso il treno.
(Tomamos o trem.)	(Ele/Ela contou que tomaram o trem.)

⚡ Antes de che não se usa vírgula, e che não pode ser suprimido.

A pergunta indireta é introduzida por verbos como domandare (perguntar) e chiedere (perguntar) ou voler sapere (querer saber). Ela é introduzida ou com a conjunção se, ou com um pronome interrogativo:

Interrogação direta	Interrogação indireta
«Venite stasera?»	Ci domandano se veniamo stasera.
("Vocês vêm hoje à noite?")	(Perguntam-nos se vamos hoje à noite.)
«Dove sei?»	Vuole sapere dove sono.
("Onde está?")	(Ele/Ela quer saber onde estou.)

O discurso indireto

18.1 A mudança dos indicativos de pessoa, lugar e tempo **B2**

☼ Na formação no discurso indireto, devem-se adequar indicativos de pessoa e formas verbais:

«Verrò da **te**.»	→ Dice che verrà da **me**.
("Eu vou até você.")	→ (Ele/Ela disse que virá até mim.)

ℹ Os indicativos de tempo e lugar mudam no discurso indireto quando o discurso se encontra no passado.

oggi (hoje)	→	**quel giorno** (naquele dia)
ieri (ontem)	→	**il giorno prima** (no dia anterior)
domani (amanhã)	→	**il giorno dopo** (no dia seguinte)
adesso (agora)	→	**allora** (então)
qui/qua (aqui)	→	**lì/là** (lá)

«Sono arrivato **ieri**.»	→ Ha detto che era arrivato **il giorno prima**.
"Cheguei ontem."	→ (Disse que chegou no dia anterior.)

18.2 Ordem temporal **B2**

Diferencia-se com precisão se a ação do discurso indireto é anterior, concomitante ou posterior em relação à da oração principal que a introduz. No indicativo deve-se respeitar a seguinte ordem temporal:

O discurso indireto

Oração principal	Oração auxiliar
Presente Dice (Ele/ela disse)	• Precedência temporal (antes, ontem etc.): passado próximo, além de: mais-que-perfeito, passado remoto) che è tornato ieri. (que voltou ontem.) • Simultaneidade (agora, hoje etc.): presente che torna oggi. (que volta hoje.) • Posterioridade (mais tarde, amanhã etc.): presente, futuro simples che torna/tornerà domani. (que volta/voltará amanhã.)
Imperfeito/passado próximo/ passado remoto Diceva/ Ha detto/ Disse (Ele/Ela disse/ Tinha dito)	• Precedência: mais-que-perfeito che era tornato il giorno prima. (que voltara no dia anterior.) • Simultaneidade: imperfeito che tornava. (que ele voltava.) • Posteridade: condicional composto (imperfeito) che sarebbe tornato (tornava) il giorno dopo. (que voltaria no dia seguinte.)
Futuro simples Gli dirò Eu lhe direi	• Precedência: perfeito, futuro composto che ieri sono stata occupata tutto il giorno. (que ontem estive ocupada o dia inteiro.) chi avrà vinto la partita. (que eu venci a partida.) • Simultaneidade: presente, futuro simples che vengo/verrò anch'io. (que eu venho/virei.) • Posterioridade: presente, futuro simples che vado/andrò a Milano dopo le vacanze. (que vou viajar/viajarei para Milão depois das férias.)

Também é possível formular questões indiretas segundo a sucessão temporal na oração auxiliar conjuntiva (▷ 9.3).

Olhando de perto 🔍

Negação

Há diversas negações:
- Non: É a negação mais importante em italiano. Non corresponde ao português "não" e é inserido antes do verbo ou do pronome objeto átono: Oggi non lavoro. (Hoje eu não trabalho.)

  ❶ Non também pode ser usado com um substantivo. Non ho tempo. (Não tenho tempo.)

  ⚡ Se "nenhum" vier antes do sujeito, ele é substituído por um pronome indefinido: Nessun studente aveva il libro. (Nenhum estudante tinha o livro.)

- No significa "não": Mangi con noi? No, grazie. (Você come conosco? Não, obrigado/a.)

  ⚡ Em português, a expressão se no significa "senão", "caso contrário": Vai, se no fai tardi. (Vá, senão vai se atrasar.)

- A negação dividida em partes: Alguns advérbios, como niente (nada) ou nessuno (ninguém), ligam-se com non: Non ho visto nessuno. (Não vi ninguém.)

  ❶ Non é inserido diante do verbo ou do verbo auxiliar, e a segunda negação diretamente na sequência: Non ho mai fumato. (Nunca fumei.)

  ⚡ Nessuno e niente são inseridos no final. Non so più niente. (Não sei mais nada.)

Para enfatizar ou ressaltar, frequentemente se usa o expletivo mica. Non sei mica matto? (Você está ficando doido?)

Discurso indireto

Em italiano, o discurso indireto é introduzido:
- por verbos como dire (dizer), pensare (pensar), affermare (afirmar) e a conjunção che: „Ho fame." → **Dice** che ha fame.
("Eu tenho fome." → Disse que está com fome.)
- por verbos como domandare/chiedere (perguntar), voler sapere (querer saber) seguidos pela conjunção se: „Venite?" → **Chiede** se veniamo.
("Vocês vêm?" → Ele/Ela pergunta se nós vamos.)

No discurso indireto, alteram-se:
- Os indicativos de tempo e de lugar: oggi (hoje) → quel giorno (aquele dia), ieri (ontem) → il giorno prima (no dia anterior)
- Os pronomes pessoal, possessivo e demonstrativo: io (eu) → lui/lei ele/ela), mio (meu) → suo (seu/dela), questo (este) → quel (aquele).
- As formas temporais:
Se a sentença introdutória vier no presente:
  - Precedência: passado próximo
  - Simultaneidade: presente
  - Posterioridade: presente, futuro simples

Se a sentença introdutória vier no futuro:
  - Precedência: passado próximo
  - Simultaneidade: presente, futuro simples
  - Posteridade: presente, futuro simples

Se a sentença introdutória vier no imperfeito
  - Precedência: mais-que-perfeito
  - Simultaneidade: imperfeito
  - Posteridade: condicional composto

Testes

1) Artigo
Insira a forma adequada do artigo.

a. Luigi compra .... casa.

b. .... casa di Paola si trova in via Garibaldi.

c. .... signor Lunardi è .... mio vicino.

d. Manola ha .... capelli lunghi.

e. Mi piacciono .... spaghetti.

f. Stasera vado .... teatro.

g. C'è ancora .... pane?

h. Ci vediamo .... cinque.

2) Substantivo
Qual forma do substantivo é a correta?

a. Vado al ▪ corso ▪ corsi d'italiano.

b. Enrico ha due ▪ sorella ▪ sorelle.

c. Dove abitano le tue ▪ amice ▪ amiche?

d. Ci sono molti ▪ negozio ▪ negozi.

e. In Austria visitiamo solo due ▪ città ▪ citte.

f. Abbiamo bisogno di sei ▪ uovi ▪ uova.

g. Vanno a lavarsi ▪ i mani ▪ le mani.

Testes

A1 ❸ **Adjetivo**
Qual a terminação correta do adjetivo?

a. Andiamo in un ristorante italian......?

b. Ci sono ancora due tavoli liber.......

c. Sara porta una gonna ross.......

d. I Rossi hanno un cane grand.......

A2 e. Prendo la camicia verd...... scur.......

A2 f. Questo è proprio un bel...... posto.

B2 ❹ **Advérbio**
Acrescente advérbios às sentenças. Em alguns casos, o advérbio terá de ser derivado do adjetivo.

A2 a. Alfonso è in ritardo. (sempre)

....

A2 b. Il treno per Milano è partito. (già)

....

c. Prendo l'autobus per andare in centro. (normale)

....

d. Cercano una commessa che parli il russo. (corrente)

....

e. Non voleva rinunciare al viaggio. (assoluto)

....

f. Luisa ha imparato la grammatica. (buono)

....

Testes

5 Comparação   B1

Componha as sentenças comparativas com as especificações entre parênteses. Em algumas sentenças também se deve inserir, da maneira correta, o conectivo di ou che.

a. Il libro è (+ interessante) .... film.

b. Le cravatte gialle sono (- bello) ....
quelle rosse.

c. Questa è (piazza ++ grande) ....
della città.

d. Hai visto (monti ++ alto) .... delle Alpi?

e. Quest'anno stava ancora (+ male) ....

f. In treno ci si arriva (= velocemente) ....
.... in macchina.

5 Pronome   A2

No espaço pontilhado, substitua a parte marcada da sentença pelos pronomes.

a. Sei andato al cinema con Marco e Leonardo?
Sì, ...

b. Hanno già chiamato Nicoletta?
Sì, ...

c. Stefano deve ancora andare dal medico?   B1
Sì, ...

B1 d. Hai portato il dolce alla nonna?

Sì, ...

B1 e. Siete andati all'ospedale a trovare il nonno?

Sì, ...

B1 f. Avete comprato un chilo di pomodori?

Sì, ...

A2 **7 Verbo**
Reescreva as frases no passado próximo. O verbo auxiliar é essere ou avere?

a. I miei amici prendono il treno.

....

b. Finisci l'ultimo libro di Stefano Benni?

....

c. Le vacanze finiscono in settembre.

....

d. Vi lasciamo un messaggio.

....

e. Dovete passare in farmacia.

....

f. Si riposano tutto il giorno.

....

g. Queste scarpe mi costano molto.

....

Testes

8 Indicativo
Preencha as lacunas com os verbos na forma indicada.

a. Il sabato (presente: io andare) .... in discoteca.

b. Al concerto (passado próximo: esserci) .... molta gente.

c. Alla festa non (passado próximo: venire) .... nessuno.

d. Brunelleschi (passado remoto: costruire) .... la cupola del Duomo di Firenze.

e. Quando sono arrivata, (mais-que-perfeito: loro già partire) ....

f. In luglio (futuro simples: noi vendere) .... la macchina.

g. Appena lo spettacolo (Condicional simples: finire) .... , tornerò a casa.

h. (condicional composto: io avere) .... voglia di venire, ma purtroppo non posso.

i. Sapeva che (condicional composto: tu andarci) .... volentieri.

j. Se me l'avesse detto prima, non (condicional: io prenotare) .... il tavolo.

Testes

B1 **9 Subjuntivo**
Assinale os casos em que a forma conjuntiva está inserida corretamente. Se necessário, corrija a forma verbal.

a. Prego, entri pure! ▪ ....

b. Dov'è Luca? Che siano andato a casa? ▪ ....

c. Speriamo che superiate l'esame. ▪ ....

B2 d. Stessino almeno tranquilli! ▪ ....

B2 e. Vuole che non lo disturbano più. ▪ ....

B1 **10 Imperativo**
Traduza.

a. Saia! ....

b. Leia o livro! ....

c. Vá para a cama! ....

d. Tenha paciência! ....

e. Pergunte calmamente ao médico! ....

f. Fique quieto! ....

g. Não compre nenhum jornal! ....

A1 **11 Infinitivo**
Assinale a alternativa em que o infinito se encontra inserido corretamente.

a. È possibile ▪ prenotare ▪ di prenotare ▪ a prenotare una camera con vista mare?

b. Sai ▪ parlare ▪ di parlare ▪ a parlare l'inglese?

Testes

c. Ha promesso ▪ da smetterla ▪ di smetterla ▪ a smetterla. **A2**

d. In questo museo c'è molto ▪ da vedere ▪ di vedere ▪ a vedere. **A2**

e. Non hanno voglia ▪ visitare ▪ di visitare ▪ a visitare il duomo. **A2**

f. Verrò ▪ trovarti ▪ di trovarti ▪ a trovarti la settimana prossima. **B1**

12 Particípio **A2**
Forme o particípio dos verbos especificados.

a. Particípio passado: lavorare ....

b. Particípio passado: leggere ....

c. Particípio passado: riprendere **B1**

d. Particípio passado: amare **B1**

e. Particípio passado: divertire ....

f. Particípio passado: calmare **B1**

13 Gerúndio **B2**
Insira o verbo indicado no gerúndio.

a. (Arrivare) .... a casa, ho trovato il tuo biglietto.

b. Puoi informarti (ascoltare) .... la radio.

c. (Soffrire) .... il mal di mare, preferisce andare in aereo.

d. (Spendere) .... meno soldi, non saresti nei guai.

e. Pur (essere) .... ricco, non era affatto contento.

14 Voz passiva
Reformule as sentenças na voz passiva.

a. Enrico paga il conto.

....

b. Abbiamo venduto la macchina ieri.

....

c. Luigi raccontò una storia divertente.

....

d. Non avete spento la radio.

....

e. Anche il disboscamento creerà cambiamenti nel clima.

....

f. Si deve pagare il conto prima del consumo.

....

15 Conjunção
Preencha as lacunas com as conjunções adequadas.

a. Forse non è giusto, ... mi sembra normale.

b. I bambini giocavano .... la nonna preparava il pranzo.

c. .... domani non piove, facciamo un giro in bici.

d. A lei piace viaggiare, lui .... vuole stare a casa.

Testes

e. Abbassate la voce .... non disturbiate i vicini! **B1**

f. Non dorme fino a tardi, ..., gli piace alzarsi presto. **B2**

16 Posição dos termos na oração **A1**
Com as palavras em destaque, formule as sentenças no tempo indicado.

a. Presente: un caffè – Luigi – offrire – a Elena

....

b. Presente: i tuoi genitori – dove – abitare

....

c. Imperfeito: al ristorante – Alessandro – mangiare – spesso **A2**

....

d. Passado próximo: la storia – gli – noi – raccontare **A2**

....

e. Presente: te – io – portare – lo – domani **A2**

....

17 Negação **A1**
Passe as sentenças a seguir para a forma negativa.

a. Il bar apre prima delle sette.

....

b. In spiaggia c'è molta gente.

....

c. Mio padre torna sempre tardi. **A2**

....

A2 d. Ogni bambino ama andare a letto.

....

A2 e. Ha già mangiato.

....

B1 f. Gli spaghetti ci piacevano tanto.

....

B1 g. Abbiamo visitato il Colosseo e il Pantheon.

....

B2 **18 O discurso indireto**
Passe as sentenças para o discurso indireto.

a. «Prendo un bicchiere d'acqua.»

Marco dice ....

b. «Non avevo voglia di uscire.»

Hai detto ....

c. «Mio fratello è arrivato ieri.»

Disse ....

d. «Abbiamo studiato la grammatica tutto il pomeriggio.»

Gli spiegherete ....

....

e. «Comprerò una casa in campagna.»

Mi ha detto ....

....

Soluzioni

Respostas

1. **Artigo**
   a. una, b. La, c. Il, il, d. i, e. gli, f. a, g. del, h. alle

2. **Substantivo**
   a. corso, b. sorelle, c. amiche, d. negozi, e. città, f. uova, g. le mani

3. **Adjetivo**
   a. italiano, b. liberi, c. rossa, d. grande, e. verde scuro, f. bei

4. **Advérbio**
   a. Alfonso è sempre in ritardo.
   b. Il treno per Milano è già partito.
   c. Normalmente prendo l'autobus per andare in centro.
   d. Cercano una commessa che parli correntemente il russo.
   e. Non voleva assolutamente rinunciare al viaggio.
   f. Luisa ha imparato bene la grammatica.

5. **Comparação**
   a. Il libro è piu interessante del film.
   b. Le cravatte gialle sono meno belle di quelle rosse.
   c. Questa è la piazza più grande della città.
   d. Hai visto i monti più alti delle Alpi?
   e. Quest'anno stava ancora peggio.
   f. In treno ci si arriva così velocemente come in macchina.

6. **Pronome**
   a. Sì, sono andato al cinema con loro.
   b. Sì, l'hanno già chiamata.
   c. Sì, Stefano ci deve ancora andare.
   d. Sì, gliel'ho portato.
   e. Sì, ci siamo andati/-e a trovarlo.
   f. Sì, ne abbiamo comprato un chilo.

7. **Verbo**
   a. I miei amici hanno preso il treno.
   b. Hai finito l'ultimo libro di Stefano Benni?
   c. Le vacanze sono finite in settembre.
   d. Vi abbiamo lasciato un messaggio.
   e. Avete dovuto/Siete dovuti passare in farmacia.
   f. Si sono riposati/-e tutto il giorno.
   g. Queste scarpe mi sono costate molto.

8. **Indicativo**
   a. vado, b. c'era, c. è venuto, d. costruì, e. erano già partiti/-e, f. venderemo, g. sarà finito, h. Avrei, i. ci saresti andato/-a, j. avrei prenotato

9. **Subjuntivo**
   a. correto, b. sia, c. correto, d. Stessero, e. disturbino

10. **Imperativo**
    a. Partiamo!, b. Leggi il libro!, c. Andate a letto!, d. Abbi pazienza!, e. Chieda pure al medico!, f. State zitti/-e!, g. Non comprate il giornale!

11. **Infinitivo**
    a. prenotare, b. parlare, c. di smetterla, d. da vedere, e. di visitare, f. a trovarti

12. **Particípio**
    a. lavorato, b. letto, c. ripreso, d. amante, e. divertente, f. calmante

Respostas

13. Gerúndio
a. Arrivando a casa, ho trovato il tuo biglietto.
b. Puoi informarti ascoltando la radio.
c. Soffrendo il mal di mare, preferisce andare in aereo.
d. Spendendo meno soldi, non saresti nei guai.
e. Pur essendo ricco, non era affatto contento.

14. Voz passiva
a. Il conto viene / è pagato da Enrico.
b. La macchina è stata venduta ieri da noi.
c. La storia divertente fu raccontata da Luigi.
d. La radio non è stata spenta da voi.
e. I cambiamenti nel clima saranno creati anche dal disboscamento.
f. Il conto è da pagare / deve essere pagato prima del consumo.

15. Conjunção
   a. ma, b. mentre, c. Se, d. invece, e. perché, f. anzi

16. Posição dos termos na oração
a. Luigi offre un caffè a Elena.
b. Dove abitano i tuoi genitori?
c. Alessandro mangiava spesso al ristorante.
d. Gli abbiamo raccontato la storia.
e. Te lo porto domani.

17. Negação
a. Il bar non apre prima delle sette.
b. In spiaggia non c'è molta gente.
c. Mio padre non torna mai tardi.
d. Nessun bambino ama andare a letto.
e. Non ha ancora mangiato.
f. Gli spaghetti non ci piacevano affatto.
g. Non abbiamo visitato né il Colosseo né il Pantheon.

18. Discurso indireto
a. Marco dice che prende un bicchiere d'acqua.
b. Hai detto che non avevi voglia di uscire.
c. Disse che suo fratello era arrivato il giorno prima.
d. Gli spiegherete che avete studiato la grammatica tutto il pomeriggio.
e. Mi ha detto che avrebbe comprato una casa in campagna.

Respostas do teste de nível

Aqui, juntamente com a avaliação de seus resultados, você terá recomendações para melhorar seus conhecimentos da língua.

Respostas A1

1. Artigo
a. Il fratello di Giorgio è bravo in chimica.
b. Lo zio di Katia fa il meccanico.
c. Domani vado in piscina con i miei amici.

2. Adjetivo
a. le situazioni strane
b. le persone cordiali
c. il partito comunista

3. Presente do indicativo
a. (io) scrivo
b. (noi) facciamo
c. (tu) finisci

4. Negação
a. Hai sete o no?
b. A Laura non regalo niente!
c. Oggi non ho proprio fame.

5. Preposições e artigo definido
a. Ho dimenticato l'ombrello al ristorante.
b. Molti agrumi provengono dalla Sicilia.
c. Hanno fatto le vacanze con i genitori.

6. Pronome pessoal
a. Noi ascoltiamo la radio e tu?
b. Voi andate al cinema e loro a teatro.
c. Mi scusi Signor Arditi, Lei è Italiano?

Recomendações

1–6 pontos: Seu conhecimento ainda é básico e muito frágil. O melhor a fazer é debruçar-se mais uma vez sobre o estágio A1.

7–12 pontos: Muito bem! Você já tem bons conhecimentos esperados para o nível A1, mas ainda apresenta alguns pontos fracos. Revise alguns temas.

13–18 pontos: Excelente! Você tem sólidos conhecimentos do estágio A1 e pode passar ao nível A2.

Respostas A2

🔑 1. Substantivo
a. O psicólogo → gli psicologi
b. La nave → le navi
c. La paura → le paure

🔑 2. Adjetivo
a. gli aerei nuovi e veloci
b. le segretarie brave e efficienti
c. l'attrice famosa e interessante

🔑 3. Pronomes
a. Tra un'ora vi aspetto davanti al cinema.
b. Non ti abbiamo chiesto niente.
c. Luigi ha sempre un ombrello con sé.

🔑 4. Advérbio
a. Oggi non vado in ufficio: mi sento proprio male!
b. Il tempo passa velocemente per tutti.
c. Il treno si muove lentamente.

🔑 5. Verbo modal
a. Tania oggi non può uscire.
b. Devi andare dal medico.
c. Può (sa) anche parlare tedesco?

🔑 6. Imperfeito
a. Lo scorso inverno facevamo lunghe passeggiate.
b. Mio nonno mi raccontava sempre delle favole.
c. In Italia (io) bevevo un limoncello dopo cena.

Recomendações

1–6 pontos: Você ainda está no início do nível A2 e deve revisar os temas aprofundadamente.

7–12 pontos: Você está indo bem! Seus conhecimentos do nível A2 já vão de vento em popa! Antes de iniciar o B1, é bom revisar alguns temas.

13–16 pontos: Excelente! Você apresenta um conhecimento seguro dos temas gramaticais do nível A2 e pode passar ao nível B1.

Respostas do teste de nível

Respostas B1

1. Superlativo relativo
a. Edith è la cuoca più brava di tutte le sue amiche.
b. La Sicilia è l'isola più grande del Mediterraneo.
c. Da qui si vede il panorama più bello della città.

2. Imperfeito ou perfeito?
a. Da bambino giocava agli indiani.
b. Stamattina sono andato/a al mercato.
c. Un anno fa abbiamo fatto un viaggio.

3. Indicativo ou subjuntivo?
a. Mi dispiace che tu non abbia superato l'esame.
b. Secondo la nostra opinione l'albergo è troppo caro.
c. Pensi veramente che lei debba venire?

4. Pronome
a. Vuoi qualcosa da bere?
b. Ognuno ha il suo posto a sedere.
c. Chi parla bene l'italiano, supera l'esame.

5. Voz passiva
a. Firenze è visitata da molti turisti.
b. Queste trattorie sono frequentate da parecchi studenti stranieri.
c. Il viaggio è organizzato dalla nostra associazione.

6. Conjunções coordenadas
a. Ti aspetto alle sei, cioè tra un'ora precisa.
b. L'offerta non è entusiasmante, tuttavia accetto.
c. Silvio ama la musica rap, io invece quella classica.

Recomendações

1–6 pontos: Revise todos os temas relevantes do nível B1 mais uma vez.

7–12 pontos: Muito bem! Você já tem alguns conhecimentos do nível B1, mas deve aperfeiçoá-los revisando os temas que ainda não domina.

13–18 pontos: Excelente! Você realmente conhece os temas do nível B1 e pode passar ao B2.

Respostas B2

1. Mais-que-perfeito
a. Quando sono arrivato all'aeroporto l'aereo era partito.
b. Ieri ho incontrato degli amici che erano andati in Africa.
c. Dopo che la crisi era scoppiata tutti l'avevano prevista.

2. Condicional composto
a. A me sarebbe piaciuto/a andare in montagna.
b. Ti avrei chiamato io, ma non potevo proprio.
c. Noi avremmo aiutato Luigi, ma lui non ha voluto.

3. Números, quantidades e medidas
a. Una ventina di persone sta aspettando.
b. Bastano poche migliaia di euro.
c. Il corso dura un biennio.

4. Conjunções subordinadas
a. Non vado a scuola perché sto male.
b. Voi fate il bagno anche se il mare è molto mosso.
c. Non mi metto il cappotto, sebbene sia molto freddo.

5. A sequência temporal no subjuntivo
a. ✓ Dubitavo che lui arrivasse in tempo.
b. ✗ correto: Pensavi che fosse sufficiente per essere felici?
c. ✓ Credevano che lei fosse partita ieri.

6. Adjetivo
a. Quella ragazza ha un bel viso regolare.
b. Marco non ha buone maniere.
c. I Napoletani hanno un bello stadio.

Recomendações

1–6 pontos: Ainda não é o suficiente para o nível B2. Você deve trabalhar os temas importantes deste nível mais uma vez e de maneira profunda.

7–12 pontos: Você está indo bem! Está quase dominando o nível B2. Apenas revise mais uma vez alguns temas.

13–18 Excelente! Você comprovou ter conhecimentos do nível A1 até o B2.